용띠 사서 다이어리

용띠 사서
다이어리

#경력단절녀
#도서관 #사서 되다

김은희 지음

달꽃

■ 추천사_

학교 도서관이라는 낯선 세계로의 흥미진진한 여행

이미혜 고등학교 국어 교사, 시인

    시집 〈소리는 어디에서 오는가〉의 저자

여성과 남성이 짝을 이루는 두 개의 수레바퀴가 나란히 이 세계를 떠받치고 굴려 가는 것이 당연한 일이건만, 늘 우리 사회 여성의 역할은 제대로 조명받지 못해 왔다. 사회 진출이 엄격하게 제한되었던 봉건 시대는 물론, 교육의 기회가 균등하게 주어진 근대 이후에도 여성의 자리는 온전히 주어지지 않고 끊임없이 가정으로 귀속되거나 가사와 양육의 부담이 덜어질 때쯤 사회의 주변부 보조적 노동력으로 불려 나오곤 했다. 경력단절 여성이란 낙인은 여성에게 설 자리를 주지 않는 사회의 자기 합리화 수단이었다. 지금 젊은 여성들이 결혼과 출산을 미루거나 포기하는 것은 어찌 보면 이러한 사회에 대한 분명하고도 영리한 저항이랄 수 있다.

  그러나 용띠 주부 세대는 그렇지 못했다. 그들은 근대화와 급격한 사회 변동과 높은 교육열 속에서 성장한 세대로, 전통적인 여성의 역할을 요구받으면서도 여성이라는 이름으로 능력과 욕구를 제한받던 시대로부터는 어느 정도 해방되는 경험을 한 세대이다. 따라서 그들은 자기 능력과 가능성을 느끼고 사회적 성취를 통해 자아를 실현하고자 하는 욕망을 당연하게 생각했지만, 사회는 그들을 받아들일 준비가 되어 있지 않았다. 그들은 전통적 관념에 따라 결혼과 동시에 자의 반 타의 반 가정으로 이끌려 들어가기 태반이었고, 그 첫 번째 관문에서 살아남았다 하더라도 결국 사회적 인프라가 뒷받침되지 않는 출산과 육아의 장벽 앞에 좌절할 수밖에 없었다.

50대 후반인 책의 저자 역시 20대 시절 낮에는 워커홀릭의 직장인으로 밤에는 야간 대학원에서 학구열을 불태우는 학생으로 활동적인 삶을 살았지만, 결혼과 동시에 전업주부로 경력단절 여성이 되었다. 추천사를 쓰고 있는 나는 조금 더 버티었지만, 결국 출산과 육아의 관문은 넘지 못하고 경력단절 여성의 대열에 합류했다. 그리고 대부분의 경력단절 여성이 현역으로 복귀하는 것은 참으로 지난한 일이다. 책의 저자가 늦깎이로 도서관 사서라는 새로운 도전에 나서기까지는 20년의 시간이 필요했다.

'경력단절녀, 도서관 사서 되다'라는 표지의 짤막한 문구는 그래서 애잔하다. 차마 다 담을 수 없는, 요새 표현으로 피, 땀, 눈물의 처절한 시간이 응축되어 있다. 하지만 저자는 그 모든 이야기를 책의 프롤로그에 압축해서 정리해 버린다. 사회생활이라고는 엄두도 내지 못하다가 아이가 조금 크면서 초등학교 방과 후 논술 강사를 시작하고, 마을의 공공도서관 설립을 위한 비영리민간단체를 만들어 주민 활동에 나서고, 급기야 50대를 앞두고 큰아이가 대학생이 되고 작은 아이가 고등학생이 된 즈음에야 사서 자격증 취득에 도전하여 근무지까지 2시간이 넘게 걸리는 중학교의 사서로 취업하기까지의 어마어마하고 스펙터클했을 과정은 그에게는 그야말로 '시작'에 불과한 것이었다. 책의 본론은 이제부터다.

  이 사회에 든든한 자신의 보루를 만드는 것을 진정 용이 되는 것으로 생각한 용띠 주부의 용 되기 프로젝트, 즉 취업 성공기만으로도 이 책은 흥미롭고 의미 있지만, 그 이야기는 기껏 20여 페이지 만에 끝난다. 거기서부터 이 책의 진짜 이야기가 펼쳐진다. '용띠 사서 다 이어리'라는 책의 제목처럼 **이 책은 학교 도서관 사서라는 전문직 종사자의 눈에 비친 학교 도서관 관찰기이다.** 학교 도서관이 학교에서 어떤 역할을 하며 어떻게 운영되는지, 학교 도서관이 학생들에게는 어떤 의미가 있고 학생들과 어떻게 소통하는지, 학교 도서관 사서의 업무와 역할은 무엇이며 도서관 활용 수업과 행사에는 어떤 것들이 있는지 등등 **학교 도서관에 대한 궁금증과 운영 사례와 발전 방향까지를 쉽고 생생한 언어로 종합적으로 담아내고 있다.** 학교 도서관 사서라면 필독서가 될 만한 지침들이 들어 있고, 학부모에게도 유익한 정보가 담긴 안내서가 될 만하다.

  아울러, 나 역시 이른바 '경단녀'의 험난하고 쓰디쓴 고투를 겪어 본 사람으로서, 경력단절 여성의 전문직 재취업 성공이라는 결실을 거두기까지 저자의 노력과 포기하지 않은 정신이 우리 세대 여성들에게 위안과 희망이 되길 바란다.

목차 --

추천사 5
- 학교 도서관이라는 낯선 세계로의 흥미진진한 여행 5

프롤로그 13
- 영영 용 되긴 그른 줄 알았다 13
- 사서로 가는 첫 번째 진입장벽, 자격증 과정 15
- 시간이 지나면 졸업할 줄 알았더니, 첩첩산중 16
- 아무리 애써도 정말 용 되긴 그른 건가? 18
- 나이 50에 '사서님'으로 출근 19

제1장 여기는 학교 도서관 21
- 낯선 학교 도서관 23
- 업무 숙달이 시급한데 파일을 날려 24
- 도서관 위치가 도대체 왜 이래 26
- 학교 도서관의 이용자는 한정돼 있어! 28
- 방학에 사서 없이 도서관 개방해 뭔 일이 생기면? 31
- 공공도서관과 비슷하지만 다른 학교도서관 34

제2장 도서관을 찾는 각양각색의 사람들　　39
- 사서가 되겠다고 해서 엄마와 전쟁 중 41
- 빈 의자가 필요한 사람 "그대는 괜찮은가요?" 43
- 급식조차 굶고 도서관에 오는 외톨이 44
- 새 학교에 겨우 뿌리내린 민들레 같은 아이 46
- 열다섯 살인데 이사를 열세 번이나 해 48
- 독서가로 성장한 소민과 여진 55
- 사서를 동경해 도서관 봉사를 자청하는 아이들 57
- 판타지 소설에 푹 빠져 도서관을 좋아하는 아이들 59
- 연애 얘기뿐이라고 갑질하던 그 분 63

제3장 함께 하는 도서관 활용 수업　　67
- 도서반 교사와 코티칭, 학생들과 '관계 맺기' 69
- 학교 근처 작은 도서관에서 그림책 읽어주기 71
- 책이 재미없다는 학생들을 위한 독서캠프 74
- 국어 교사와 코티칭, 청구기호로 도서 찾기 80
- 도덕 수업을 위한 그림책 북큐레이션 84
- 수련회 미참여 학생들을 위한 도서관 프로그램 89
- 소원 적은 종이비행기에 절절한 사연이 담겨 97

제4장 북적북적 도서관 행사 노하우   105
- 도서관 행사의 성공 비결은 커다란 '초코바' 107
- 도서관 행사 이모저모 109

제5장 슬기로운 도서관 생활을 위한 ABC   115
- 신입생 이용 교육은 예절교육이 되어야! 117
- 도서대출증 없어도 대출, 학생을 믿어 119
- 아침 독서를 위한 시간 120
- 도서 반납 연체자에게 사탕을 주면? 123
- 책 읽을 시간을 선물한 자유학년제 124
- 학생이 원하는 책은 달라도 너무 달라 126
- 특이한 희망 도서 어떻게 가릴까? 130
- 만화 서가는 꿀단지, 그래서 대출 효자 134
- 연속간행물 선택을 위한 조언 136
- 학부모 독서회 운영 138

제6장 김사서가 추천하는 맞춤 도서 141
- 위로와 공감이 필요할 때 143
- 여행하고 싶을 때 146
- 과학상식보다 한 걸음 더 과학을 알고 싶을 때 150
- 세상의 부조리함이 느껴질 때 155
- 해외 이민을 생각할 때 159
- 희망이 필요할 때 164
- 순수한 연애가 그리울 때 169
- 먼 미래의 지구와 환경을 상상할 때 174
- 영화 보다 재미있는 장르 소설을 찾을 때 178
- 세상 요지경에서 '소확행'을 원할 때 182

에필로그 187

추천사_ 193
- 도서관은 '사서'이다 193

∥ 용띠 사서 다이어리

프롤로그

영영 용 되긴 그른 줄 알았다

나이는 50세를 바라보지만, 마음은 30대. 사회 경력이 단절됐던 그때 그 상태에 머물러 있었기에 진심으로 직장인이 되고 싶었다. 지금까지 두 아이를 위해 독박 육아를 감당하느라 시간제 일자리에 만족했지만 이제 다시 전일제 직장을 가질 수 있는 환경이 됐으니, 30대에 포기해 버렸던 직장으로 돌아가고 싶었다. 결혼 전에 던졌던 사표를 다시 주워 담을 수 있으면 좋겠다는 꿈같은 생각을 하다가 스스로 고개 저었다. 대기업에서 겪었던 잦은 야근과 심각한 업무 스트레스를 생각하면 다시 돌아가고 싶지 않았다. 논술 강사를 하는 틈틈이 비영리민간단체 일을 맡아 우리 동네에 공공도서관을 세우기 위한 공청회나 회의를 주관하는 지금의 삶이 나았다.

사실 방과 후 논술 강사를 오래 하면서 동아일보에 인터뷰 기사가 실리기도 하여 시간제 출강이라도 수업 시수가 많았다. 그러다 보니 아예 전문 학원을 인수할까 싶은 유혹도 느꼈다. 사교육에 손을 덴다면 그리 어렵지 않게 돈을 벌 수 있을 것 같았다. 하지만 학원을 운영하면 전일제 업무시간을 넘어 시간에 쫓길 게 뻔했다. 이 또한 내가 바라는 삶은 아니었다. 보다 전문적이고 남이 쉽게 넘볼 수 없는 일을 하면서도 워라벨(Work-life balance)을 만족시키는 직장인이 되고 싶었다.

　속절없이 시간이 흘러 큰아들이 대학생이 되고 작은아들도 고등학생이 될 즈음엔 나이 때문에 다시 직장인이 되는 게 불가능해 보였다. 50대가 코앞인데 어떤 직장인들 가능할까 싶어 꿈마저 포기하려다 일단 사서 자격증을 따야겠다고 결심했다. 'NGO. 도서관을 사랑하는 사람들'이라는 비영리민간단체를 운영하다 보니, 도서관에서 일하는 사서란 직업은 자격증이 필요한 전문직이고 나이 구애 없이 할 수 있는 일 같았다. 그렇다고 대학이나 대학원을 졸업하면 누구나 할 수 있는 직업은 또 아니었다. 정보가 많은 직업도 아니었고, 자격증도 필요했지만, 나이의 벽에 좌절하지 말고 일단 도전하고 싶었다.

> **Tip.** 사.비.모 소개
>
> 도서관에 가면 사서를 만날 수 있습니다. 하지만 우리는 사서에 대해 정확하게 알고 있지는 못합니다. 보통 도서관에 가면 항상 있는 분 정도로 인지하고 있습니다. 과거의 저도 그랬습니다. 사서는 각종 도서관과 자료실, 정보기관에서 일하는 사람을 말합니다. 문헌을 관리하고 대출 서비스를 제공하는 것뿐 아니라 이용자들의 요구를 살피고 필요한 정보를 제공하는 전문 직종입니다. 사서가 되고 싶은 분인데 정보가 부족하다면 함께하면 어떨까 싶습니다. 함께하면 힘이 납니다.
>
> • 사.비.모 (사서가 되고 싶은 비전공자들의 모임)
> ‣ https://cafe.naver.com/belibrarian

사서로 가는 첫 번째 진입장벽, 자격증 과정

알아보니 대학에서 문헌정보학을 전공하지 않아도 사서 자격증을 받을 수 있는 곳이 있었다. 학사학위부터 시작할 수 있는 학점은행제도 있었지만, 나의 경우는 이미 석사학위가 있었기 때문에 서울에 있는 사서교육원을 1년 다녀서 2급 정사서 자격증을 받는 방법이 나을 것 같았다. 다만 수업 시간이 밤이어서 거의 매일 저녁을 혼자 먹어야 하는 고교 1학년 작은 애가 마음에 걸렸다.

하지만 굳은 결심으로 사서교육원에 입학 서류를 내고 면접을 기다렸다. 그런데 깜짝 놀랐다. 사서교육원 입학 경쟁률을 보고 입이 딱 벌어졌다. 누구나 돈만 내면 입학할 줄 알았는데(지금 생각하니 웃음이 난다. 사서교육원을 학원 같은 곳이라 생각했다) 나처럼 전공이 달라도 사서를 꿈꾸는 사람이 무척 많았나 보다. 아무나 입학할 수 있는 곳이 아니었다. 어떤 일이든 시작할 때는 만만한 게 없겠지만 전문직으로 가는 첫 번째 진입장벽은 꽤 높았다. 어마어마한 경쟁률을 뚫고 서류전형을 통과했다. 드디어 사서교육원 면접을 볼 수 있었다.

면접 당일. 구술문제가 적힌 종이를 무작위로 뽑아 펼쳐보니 '디지털 정보 시대에 책과 도서관이 존재할 것인가 사라질 것인가?'라는 질문이 적혀 있었다. 그런데 신통하게도 면접이 있기 하루 전날 신문에서 '해외 도서관 기행'이란 칼럼을 읽었다. 그 글이 떠올라 "디지털 정보 시대에도 신문이 하루아침에 없어지지 않듯이 책도 지식의 보고로 여전히 인쇄될 겁니다. 도서관은 유형의 책뿐만 아니라 무형의 디지털 라이브러리 기능을 포용하고, 사회 문화서비스 제공자의 기능도 추가하여 절대로 사라지지 않을 것입니다."라고 대답했다. 면접위원인 교수님이 내 대답을 듣고 미소 지으셨다. 교수님의 미소는 떨고 있는 나를 안심시켰다.

시간이 지나면 졸업할 줄 알았더니, 첩첩산중

기다리고 기다리던 입학식과 더불어 1학기가 시작됐다. 진입장벽을 가뿐히 넘은 마당에 겁날 게 없었다. 기세등등하게 사서교육원으로 향했다. 그러나 만만하게 여겼던 사서교육원 수업은 의외로 시간이 갈수록 버거워졌다. 문헌정보학과에서 4년 동안 공부할 내용을 자격증 중심 수업으로 압축해 1년 과정으로 진행되다 보니 수준도 높고 과제도 많았다. 특히 정보학 전문용어는 암호 해독 같아서 알아듣기조차 어려웠다.

낮에는 여전히 논술 강사를 하면서 월요일부터 목요일까지 거의 매일 밤늦게 수업을 듣자니 체력적으로도 감당하기 어려웠다. 학점을 인정받으려면 출석은 당연하고 과목마다 시험도 봐야 했다. 공부에 대한 스트레스가 이만저만이 아니었다. 이대로는 안 되겠다 싶었다. 더구나 내가 세웠고 나를 주축으로 돌아가는 비영리민간단체를 포기할 수도 없었다. 할 수 없이 출강 준비가 많은 학교 방과 후 논술을 그만두었다. 일하는 시간을 반으로 줄여 공부 시간을 늘렸다. 어쨌든 2학기에도 주경야독(晝耕夜讀)은 계속됐다. 중간고사를 치르고 과목마다 리포트를 내고 학기말 시험까지 마쳐야 졸업이다. 사적 활동과 비영리민간단체 모임도 줄이고 죽어라 공부했다. 저작권법(著作權法)과 서지학(書誌學)에 발목이 잡힐 뻔했지만, 마침내 끝이 보였다. 2학기 졸업시험이 끝나고 다음 해 2월에 2급 정사서 자격증을 받았다. 유레카를 외쳐야겠지만 마냥 즐겁지만은 않았다. 이제 40대가 끝나버렸다. 과연 바라던 대로 공공도서관에 취업할 수 있을까?

> **Tip.** 사서 자격증
>
> 도서관에서 일할 수 있는 사서의 자격요건은 도서관법 시행령 제4조 2항 관련[별표 3]에 명시되어 있다. 쉽게 요약하자면 준사서의 자격요건은 관련학과 전문대학 이상 졸업자 또는 대학 졸업자로서 소정의 교육과정을 이수한 자이다. 2급 정사서는 관련학과 대학 졸업자 또는 대학원 졸업자로서 소정의 교육과정을 이수한 자이다. 학사학위를 가진 2급 정사서는 9년의 경력을 쌓고 소정의 교육과정을 이수하면 1급 정사서가 된다. 석사학위가 있는 2급 정사서는 6년의 경력을 쌓으면 1급 정사서가 된다.
>
> 준사서 이상 자격증이 있으면 공공 도서관뿐만 아니라 모든 도서관에서 근무할 수는 있지만, 업무의 성격상 또는 경력을 요구하는 경우에는 지원 자격에서 아예 2급 정사서 이상이라고 명시한다. 1급 정사서는 반드시 도서관 경력과 학력이 쌓여야 도달할 수 있는 자격증이다.
>
> • 사서e마을(사서직 취업 커뮤니티)
> ‣ https://cafe.naver.com/lisleader

아무리 애써도 정말 용 되긴 그른 건가?

사서 전문 인터넷 카페에 올라온 공공도서관 구인 내용을 보면 분명히 나이 제한은 없는데 이상하게도 서류전형에서 번번이 떨어졌다. 단 한 곳에서도 면접 보러 오라는 연락이 없었다. 심지어 필기시험이 있는 공공도서관에서도 서류전형에서 탈락하여 시험조차 볼 기회를 주지 않았다. 나이는 많은데 경력이 없다는 게 치명적인 약점인 듯했다. 비영리민간단체를 운영하며 공공도서관 건립을 위한 서명 운동을 해왔기에 공공도서관 사서 직에 애정이 컸다. 도서관 건립 운동을 하며 알게 모르게 쌓였던 설움도 있어서 공공도서관에 취업하고 싶은 마음이 굴뚝같았다. 하지만 아무 곳에서도 나이는 많고 경력은 없는 신입 사서를 반기지 않았다. 용띠로 태어나서 그런지 도서관 사서가 되면 용이 된 기분이 들 것 같았다. 개천에서 용 난다는 옛말도 있지 않은가.

20대 땐 운이 좋게도 대학교를 졸업하자마자 입사했는데, 늦깎이 취업 준비생은 고난의 시간이었다. '아무리 애써도 정말 용 되긴 그른 건가?' 이런 생각을 하던 나날의 연속이었다. 때마침 서울시교육청에서도 도서관을 담당할 전문직으로 사서를 구하는 공고가 여러 학교마다 올라와 있었다. 그렇다. 학교에도 도서관이 있고 그곳에도 사서가 있을 것이다. 학교에도 몇 군데 입사 원서를 넣었다.

그런데 공공도서관과는 달리 면접 보러 오라는 연락이 바로 왔다. 아마도 여름방학에 재취업 준비에 도움이 될까 싶어 한국사능력검정

시험 1급 인증을 받은 것과 독서지도사 수료증이 서류전형에서 인정받은 것 같았다.

학교 도서관 면접을 몇 군데 보러 가니 질문이 대개 비슷했다. 어떻게 학교 도서관을 활성화할 것인지를 말해보라거나 방과 후 학교 토요일 프로그램을 할 수 있냐고 물었다. 어떤 학교는 학교 도서관 활성화 방안에 대한 계획서를 함께 요구하는 곳도 있었다. 사서교육원 과제로 도서관 연간계획서를 작성해 본 적이 있었다. 학교 도서관에 맞게 내용을 수정하여 10여 페이지에 달하는 연간계획서를 자기소개서와 함께 보내기도 했다. 면접하기 전에 연간계획서를 프린트하여 면접 위원에게 제출하기도 했다. 이렇게 면접을 본 몇몇 학교 중에 서울 서쪽에 있는 중학교로부터 당장 다음 달부터 출근해 달라는 합격 통지를 받았다.

드디어 미션 클리어!

나이 50에 '사서님'으로 출근

드디어 중학교로 출근하기 전날이었다. 직장 생활을 포기한 지 어언 20년이 지나서 사모님 소리 들을 나이에 사서님으로 새 출발을 하는 게 잘하는 짓인지 내심 걱정이 됐다. 앞으로 도서관에서 어떤 일이 펼쳐질지 사서로서 해낼 수 있을지 의문이 꼬리에 꼬리를 물고 일어났다. 까무룩 잠이 들었다. 꿈속에 학교가 보였다. 서울 북쪽 수유동

화계사 근처 산비탈 아래 새로 개교한 작은 분교였다. 1학년 때 입학한 국민학교(내가 다녔을 때는 초등학교라고 부르지 않았다)가 과밀하여 한 반에 60명이 넘었고 오전반 오후반으로 나눠 수업했는데 결국 4학년이 되자 집 근처에 분교가 생겼다. 집 근처라고 해도 걸어서 족히 30분은 넘게 걸리는 곳이지만, 어쨌든 입학했던 학교보다는 가까웠다. 마을 동구 밖에 있는 버스 종점을 지나 민둥산이던 산길을 한참 걸어 올라가면 겨우 교문이 보였다. 새로 지은 3층 건물 한 동에 4학년부터 6학년까지 3개 학급씩 있는 작은 분교였다. 도서실 같은 건 없었다.

　소공자, 소공녀, 작은 아씨들, 마지막 수업…. 학생 손을 하도 많이 타서 표지가 너덜너덜했던 책들 속에 코를 박고 읽던 어릴 적 내 모습이 보였다. 책을 무지하게 좋아해서 손에서 놓지 않았던 아이, 멀대같은 키는 웃자라 반에서 제일 컸지만, 운동신경이라곤 전혀 없던 아이, 초등학생인데도 벌써 유리알 두꺼운 안경을 끼고 손때 묻은 동화책을 읽고 또 읽던 아이가 보였다. 내일이 기대되어 긴긴밤을 뒤척이다 만난 어린 내게 말하고 싶었다. '그렇게 책이 좋아? 오늘부터 너를 학교 도서관으로 데려다줄게.' 자는 둥 마는 둥 벌써 새벽이었다.

제1장

여기는 학교 도서관

▮ 용띠 사서 다이어리 _____

낯선 학교 도서관

처음 근무를 시작했을 때가 마침 독서교육종합지원시스템(DLS)에 재학생 진급처리를 마치고 신입생 등록을 하는 3월 초였다. 지금 생각해 보면 재학생 진급처리는 쉬운 업무지만, 경력 없는 도서관 사서에게 학교 전산시스템은 낯설기만 했다. 더구나 DLS는 사서교육원에서 정보학을 배울 때 듣도 보도 못한 시스템이었다. 교육부 인증서로 DLS 로그인은 했지만 어디서부터 손을 대야 할지 몰랐다. 도서대출증을 배포해야 하는데 어떻게 해야 할지 답답하기만 했다. 내 속이 새까맣게 타들어 가는 줄도 모르고 학생들은 학교 도서관에 새로운 사서가 온 걸 반기는 눈치였다.

학생들은 점심시간이 되자마자 생글거리며 삼삼오오 짝을 지어 줄줄이 도서관에 들어왔다. 새로운 학생들과의 대면은 참 즐거운 일이었다. 먼저 인사하는 상냥한 학생도 있고, 지난 학년에 도서부를 했다며 올해도 도서부를 하고 싶다고 자기소개를 하는 적극적인 학생도 있었다. 나의 구세주는 예상치도 못한 학생 중에서 '짠'하고 나타났다. 한 학생이 다가와 지난 학기에 도서부 대표였다며 보조 컴퓨터를 켜고 능숙하게 DLS에 접속해 도우미 비번을 넣고 대출·반납 창을 열었다. 학생 IP로 접속하는 도우미 컴퓨터로 대출·반납은 문제없이 할 수 있었다.

너무 감사한 도움의 손길이었다. '학생에게 도움을 받아 시작하는 도서관 사서라니….' 뭐 어떤가! 모르면 도움을 받을 수 있다. 도움을 주고받음에 나이와 지위는 아무런 문제가 되지 않는다.

  그런데 내가 로그인한 독서교육종합지원시스템(일명 독템)은 교사 IP로 접속한 것으로 전임자에게 인수한 ID와 비번은 맞는데 학교도서관 운영자로 등록되지 않은 ID였다. 결국 학생 도우미 창과 비슷한 권한밖에 없었다. 도서대출증을 만들려면 학교도서관 운영자로서 새로 권한을 부여받아야 했다. 이 와중에 전임자와는 전화 통화조차 안 되고, 속이 바싹바싹 타들어 갔다.

  할 수 없이 무작정 한국교육학술정보원(KERIS) DLS 센터에 전화했다. DLS 상담사는 학교도서관 운영자 등록 양식을 독템(DLS) 공지에서 내려 받아 학교장 직인을 찍어, 팩스로 또는 PDF 파일로 변환해서 이 메일로 보내라고 했다. 전임자의 퇴사 처리 과정에서 운영자 권한까지 폐기해 버리면 후임자가 어떻게 일을 인계받을까 싶었다. 도무지 업무 인수인계가 이뤄지지 않은 상황이었다. 나중에야 그 이유를 알았는데 그분이 자격증 없이 임시직으로 계셨던 분이라 권한을 승계해 줄 수 없었던 모양이었다.

업무 숙달이 시급한데 파일을 날려

당장 발등에 떨어진 불을 끄자면 학교도서관 운영자로 얼른 등록하여 독템(DLS)에 있는 재학생 파일을 새로 배정된 학년, 반, 번호에 맞게 진급처리 해야 했다. 그 후에 신입생 등록까지 마쳐야 도서대출증을 만들 수 있었다. 학교도서관 운영자로 등록하는 것은 바로 할 수 있었지만 진급처리는 처음 해보는 일이라 난감하기만 했다. 우선 재학생 파일을 내려 받으려고 독템(DLS) 명령 탭을 이것저것 누르던 찰나에 '앗!' 순간적으로 재학생 삭제 버튼을 눌렀다. 큰 사고를 치고 말았다. 재학생 자료를 홀랑 날려 먹은 것이다.

'내가 뭘 건드린 거지?' 첫 출근하고 일주일 만에 사고를 치다니 스스로 멍청하단 생각을 지울 수 없었다. 잠시 망연자실 앉아 있다가 다시 한 번 한국교육학술정보원(KERIS) DLS 센터에 도움을 청했다. 가슴이 개미만 해진 것 같았다. DLS 센터에서는 이런 일이 종종 있다면서 삭제하더라도 '임시 삭제' 탭에 학생들 파일이 들어가게 돼 있으니까 걱정하지 말라고 했다. 내가 당황해서 화면에서 그 탭을 못 찾겠다고 했더니 원격 조정으로 바꿔서 직접 임시 삭제 탭에 들어가 삭제된 재학생 파일을 복원해 주었다.

그제야 마음이 진정됐다. DLS 센터 상담사에게 재학생 파일을 다운로드하는 방법도 배웠다. 이어 교무 기획 나이스 담당 선생님께 받은 진급 전 엑셀 파일을 재학생 파일과 함께 업로드하는 방법도 배웠다. 그런데 업로드를 해도 계속 에러가 났다. 두 파일을 전부 출력해서 한 명씩 대조해 보니 파일 목록에 없는 학생도 있고, 반대로 있는 학생은 없는 오리무중 속이었다. 다시 DLS 센터에 전화해서 물어보니, 먼저 전출 학생을 삭제하고 전입 학생은 DLS에 새로 등록하여 다시 두 파일을 대조하라고 했다. 시키는 대로 하니 이제야 진급처리가

에러 없이 끝났다.

  독템(DLS)에서 진급처리를 마치고 나니, 뜨거운 한여름 날에 한바탕 소나기가 쏟아진 후 습도 높은 오후를 맞은 기분이 들었다. 독템(DLS) 센터에서 시스템 전산처리가 끝나도록 또 하루를 기다려야 했다. 걱정스러운 마음에 밤잠을 설치고 출근하자마자 열어보니 깔끔하게 완성돼 있었다. 신입생 등록은 이보다 훨씬 쉬웠다. 결과적으로 전임자의 도움은 못 받았지만 한국교육학술정보원(KERIS) DLS 센터에 든든한 상담자들 덕분에 초보 사서라도 시스템에 적응할 수 있었다.

도서관 위치가 도대체 왜 이래

내가 근무하는 학교도서관은 산비탈 옆에 있는 별관 1층에 있지만, 반지하나 마찬가지였다. 북향이라 해 드는 시간이 짧은데, 창문이 많아서 겨울엔 엄청 추웠다. 얼마나 추운지 난방도 소용없었다. 학교도서관의 외관은 아기자기하게 리모델링 돼서 예쁘지만, 위치가 외진 곳에 있어서 학생들의 발길을 붙잡을 수 없었다. 리모델링을 하다 만 것처럼 도서관 뒤쪽은 휑하고 책장이 매우 부족했다. 북 수레마다 책이 잔뜩 쌓여 있고, 언제 입고됐는지 알 수 없는 책들이 여기저기 방치되어 있었다. 의자도 모자라 한 반이 도서관에서 수업하려면 당장 의자부터 사야 했다.

학교도서관 위치를 바꿀 수는 없지만, 도서관 안에 있던 칸막이를 입구 바깥쪽으로 옮긴다면, 찬바람을 분산시킬 수는 있을 것 같았다. 행정실에 난방기 수리를 의뢰하고 창문에 붙이는 단열재 '뽁뽁이'를 붙이면 에너지 손실을 막을 수 있겠다 싶었다. 그리고 도서관을 교내 특별청소구역으로 지정해 달라고 교무기획부에 요청했다. 특별청소구역으로 지정되면 종례 후에 청소 담당 학생을 배정받을 수 있었기 때문이다. '깨진 유리창 이론'(가벼운 범죄를 방치하면 큰 범죄로 이어진다는 범죄 심리학 이론)이 적용되지 않도록 매주 주기적으로 도서관을 청소하여 깨끗하게 관리하기로 했다.

　'학생에게 청소를 시키다니!' 하고 안 좋게 생각할 수도 있겠지만 자고로 직접 쓸고 닦고 하는 공간에 애정이 묻어나지 않을까. 도서관을 교내 특별청소구역으로 지정받으니 일주일에 두 번, 두 명의 학생이 도서관 청소를 위해 방과 후에 왔다. 두 반의 학생이 번호대로 번갈아 오는 데 이들 중에는 한 번도 학교 도서관에 와 본 적이 없다고 능청을 떠는 녀석도 있었다. 청소하러 와서는 새삼스레 도서관을 둘러보고는 "참 좋은데요? 책도 이렇게 많았어요?" 이러면서 대출도 하고 자주 오겠다고 다짐하기도 했다.

　문제는 학교 도서관을 운동장인 줄 아는 학생들이었다. 도서관에 들어오자마자 큰 소리로 떠드는 것은 물론이고, 책을 읽기는커녕 던지고, 쓰레기를 도서관 곳곳에 아무렇지도 않게 버리고 가기 일쑤였다. 심지어 서가 사이사이에 들어가 숨바꼭질하고, 책장에 매달리니

안전사고가 걱정될 지경이었다.

　더구나 교실에서는 핸드폰을 사용할 수 없으니 학생들 대부분은 틈틈이 도서관으로 몰려와 게임을 하며 시끄럽게 굴었다. 학생들은 교사 눈을 피해 도서관으로 몰려와 무질서하게 도서관을 어지럽혔다. 조용히 책을 읽고 싶은 학생에게는 괴로운 도서관이었다.

　이번엔 안전생활부에 도움을 구했다. 학교 지킴이 선생님이나 생활지도 교사가 점심시간에 한 번씩이라도 순찰해 준다면 지나치게 장난을 일삼는 학생들도 긴장할 것이고, 학교 도서관이 장난꾸러기 학생들에게 점령당하지 않을 것이다. 핸드폰 사용도 강하게 규제하기 시작했다. 아예 도서관 입구에 핸드폰을 담을 수 있는 바구니를 놓았다. 바구니에 핸드폰을 넣고 들어가라고 당부했더니 반발하는 학생도 있었다. 이런 학생에게는 안전생활부에 이름을 적어 보낼 것이라고 분명히 엄하게 경고했다.

　도서관이 학생들에게 자주 오고 싶은 공간이 되면 좋지만 그렇다고 마구 떠들고 게임을 하는 휴게실 같은 곳이 되길 바라는 건 아니다. 도서관은 도서관의 역할을 위해서 존재하는 것이지 않은가.

학교 도서관의 이용자는 한정돼 있어!

어느 날 갑자기 본 적 없는 낯선 사람들이 학교 도서관으로 들어왔다. "누구세요? 무슨 일로 오셨죠?"라고 물었더니, 다른 학교 학생 동아리 인솔 교사들이라고 했다. 그러고 보니 이날은 인근 중학교 동아리들이 우리 학교 강당에서 발표회를 하는 '연합 동아리 축제의 날'이었다. "본관 2층 교무실에 동아리 담당 부서가 있어요. 그곳으로 가세요."라고 말하자 돌아온 답변은 다음과 같았다.

"아니… 여기 도서관에서 기다리라고 했는데요."

연합 동아리 발표회를 담당하는 창의체험부 부장이 좀 전에 도서관에 왔었지만, 타교 교사들이 우리 학교 도서관에 모일 것이라는 얘기를 한마디도 안 했다. 오늘은 도서관을 비워도 되니까 발표회 구경을 하는 게 어떠냐고 권유하긴 했다. 물론 나는 자리를 비울 수 없다고 답했고 그렇게 대화가 끝난 뒤였다. "네? 저는 전혀 들은 바 없고, 담당 부장님도 아무 말씀 안 하셨어요. 그러니까 2층 교무실로 가주세요." "음… 분명히 도서관에서 기다리라고 했는데…." 외부에서 온 교사들은 학교 도서관 사서가 깐깐하다 싶었는지 구시렁거리면서 밖으로 나갔다.

다른 학교에서 학생들을 인솔해 온 교사라고 해도 우리 학교 도서관에 들어올 수 있는 이용자는 아니다. 공공도서관과 달리 학교 도서관은 해당 학교의 학생과 교직원으로 이용자가 한정돼 있다. 그분들이 교사라곤 했지만, 우리 학교 교사가 아니므로 당연히 외부인이고, 학교장 허락을 받아야 할 문제였다.

타교 교사들이 도서관에 들어온 시간은 마침 점심시간이어서 학생들이 소곤소곤 얘기하거나 책을 보거나 하면서 도서관에서 놀고 있을 때였다. 게다가 이날은 수업 대신 동아리 발표를 구경하는 축제였으니 들뜬 기분이 오죽하랴. 덩달아 도서관에 온 학생들의 분위기도 즐거워 보였다. 그런데 낯선 사람들이 들어오자 이상한 기류가 느껴졌는지 학생들은 보던 책을 놓고 슬금슬금 눈치를 보며 하나둘씩 도서관을 빠져나갔다. 순식간에 분위기가 썰렁해졌다.

잠시 뒤에 창의체험부 부장이 다시 도서관으로 왔다. 다짜고짜 잔치에 온 손님을 사서가 내쫓는 법이 어디 있냐 하면서 화를 냈다. 언성을 높이며 교장실로 가서 누가 맞는지 시시비비를 가리자고 했다. 교사들이 공공도서관과 학교 도서관을 혼동하여 벌어진 일인데 사서가 실수라도 한 듯이 큰소리를 치니 적반하장이었다. 무식한 건지 무례한 건지 나도 참을 수가 없었다. 우린 같이 교장실로 갔다.

내용을 전해들은 교장 선생님은 의사소통이 원활하지 않아 생긴 일이니, 잘잘못을 가릴 일이 아니라고 하셨다. 앞으로는 새로운 사안이 있을 때 상의해서 결정하라고 당부하셨다. 하지만 문제의 본질은 그게 아녔다. 학교 도서관에 아무나 들어와 진을 치면 도대체 학생들은 교실 말고 어디에서 마음 놓고 책을 볼까? 학교 도서관에서 제일 우선시해야 할 이용자는 학생 아닌가? 교장 선생님과 부장 교사에게 이렇게 따져 묻고 싶었다.

비록, 일을 더 키우고 싶지 않아서 입을 다물긴 했지만, 마음은 영 씁쓸했다. 새로 개정된 학교도서관진흥법과 시행령을 들어 아무리 전문적으로 말해도 귀 기울여 줄 것 같지 않았다. 게다가 학생들을 항상 대면하는 도서관 사서라는 자리에 있지만 교사가 아닌 상황에서는 참 어중간하고 애매한 입장일 때가 간간이 있었다. 이러려고 사서가 됐나 자괴감이 들었다.

하지만 바야흐로 때는 봄이었다. 교정에는 개나리가 흐드러지고 철쭉이 나 보란 듯이 피기 시작해 지나가는 사람들의 시선을 붙잡았다. 우울하고 답답한 기분도 피어 있는 꽃을 보면 마치 대수롭지 않은 일인 양 날아갔다. 이른 점심을 먹고 교정 한 바퀴를 돌아 도서실에 오는 발길에 새소리까지 더하여 흐린 마음을 풀어주었다. 이렇게 좋은 세월의 한복판에 학교 도서관이라는 일터가 있고 나를 기다리는 학생들이 있고 끝내야 할 업무가 있으니, 내가 세상에 필요한 존재라는 게 좋았다. 지금은 자괴감이 들어도 내년엔 달라지리라. 학교 도서관에 사서가 있음으로써 달라졌음을 알게 하리라. 모든 게 금방 좋아질 수는 없겠지만 차차 학교 도서관에 대한 인식을 바꾸리라 다짐했다.

방학에 사서 없이 도서관 개방해 뭔 일이 생기면?

"방학에 도서관 열어요?"

"언제 열어요?"

매번 학기마다 방학을 앞두면 여러 명의 학생이 늘 묻는 말이다. 흔쾌히 "당연히 항상 열지!"라고 말해주면 좋겠지만, 그러지 못하고 항상 우물쭈물하곤 한다. 모든 학교 도서관이 방학에도 상시 개방한다면 대답이 쉬울 텐데 며칠은 열지만 못 여는 날이 더 많으니 대답하기가 곤란하다.

어떤 학교는 학교장 재량이라면서 방학에 사서 없이 단순히 도서관만 개방하는 학교도 간혹 있다. 도서 분실은 물론이고, 기물 파손 등 도서관 관리에 구멍이 뚫리든 말든 상관없다는 식이다. 책이야 또 사면되고, 책만 꽂혀 있으면 도서관인 줄 아는 일부 학교 경영자 때문에 참 답답하다. 방학에 학생들만 있게 하면 학생들 사이에 무슨 일이 일어날 줄 알고 방심하는지 모르겠다. 도서관에 천사만 들락거리는 줄 알지만 그렇지 않다. 사서가 있어도 안 보는 틈에 서가 사이에서 일어날 수 있는 불미스러운 일에 신경이 곤두서는데 하물며 책임감 없는 어중이떠중이가 대출 반납을 대신한다고 하면 무슨 일인들 대처가 될까? 무엇보다도 학교 도서관의 역할이 제대로 굴러갈 리 없다.

문제는 방학 중에 사서 상시 근무가 지켜지지 않는 상황에서 전국적으로 어린이와 청소년 전용 도서관의 숫자는 너무 적고, 심지어 청소년 전용 북 카페는 아예 없다는 점이다. 있더라도 음료 값을 낼 용돈이 있어야 갈 텐데 형편이 어려운 청소년은 어쩌란 걸까? 방학이 되면 학습 공간조차 여의찮은 학생들은 겨우 PC방이나 가고 학교 밖에서 배회할 수밖에 없으니 안타까울 뿐이다. 가정 형편이 좋더라도 현실적으로 청소년이 어른 눈치 안 보고 책을 볼 수 있는 장소가 흔치 않다.

 그러니 방학에도 접근성이 좋은 학교에 사서가 상시 근무하고, 학교 도서관을 개방함으로써 학기 중에 독서에 재미를 붙였다면 이어서, 한여름과 한겨울 긴긴 방학 동안에 독서 습관을 다지면 좋을 것 같다. 항상 학기 중에는 바빠서 천천히 독서할 시간이 없고 독서 습관은 뒷전으로 밀리기 일쑤다.

 한편 사서의 역할도 이제는 되돌아볼 필요가 있다. 코로나바이러스의 여파로 학교 도서관도 비대면 도서 대출이 권장되면서 새로운 도서관 장비가 여럿 들어왔다. 그중에 '자가 대출 반납기'를 이용하면 학생들이 직접 도서대출증 바코드를 기계에 인식시켜 대출과 반납을 스스로 할 수 있다. 처음에 '자가 대출 반납기'가 도입됐을 때는 고가의 기계 장비가 제 역할을 할지 걱정스럽기도 했지만, 학생들은 잘 적응하고 있다.

 그리고 도서 장비 업무는 외주업체로 외부 용역으로 하는 게 비용 면에서나 시간 면에서 훨씬 효율적이다. 벌써 몇 년 전인 2018년 전국 학교 도서관 운영 매뉴얼에서 자료 선정 및 관리에 대해 설명을 하면서 대부분의 학교 도서관에서 도서 장비를 외주 주고 있음을 밝히고 있다. 즉 사서의 역할이 바뀌었다는 것이다.

 지금까지는 학교 도서관 사서의 역할로 도서 대출 반납업무를 비롯한 도서 관리와 도서 장비 업무에 치중했다면, 앞으로는 적극적인 독서지원과 학생 활동 지원에 눈을 돌려야 한다. 교육부에서 2019년

4월에 제3차 학교 도서관 진흥계획이 발표된 만큼 거의 모든 학교 도서관에 전문 인력이 배치되었다. 사서 자격증을 소지한 학교 도서관 사서는 교사는 아니지만, 학생과 빈번하게 상호작용을 하는 위치에 있기에 기존 역할에서 탈피하여 내실 있게 변해야 한다.

단순한 책 창고로서의 도서관이 아니라, 방학이든 아니든 학생들이 언제든지 들락거리며 재미난 모의를 꿈꾸는 학교 도서관으로 거듭나려면 사서의 역할이 제일 중요하다.

창의적 인재를 키우기 위하여 성적과 학업 중심에서 벗어나 다양성과 독서력을 강조하는 시대에 방학하면 책 읽을 장소조차 제공하지 않는 것은 어불성설(語不成說)이다. 학교 도서관 정책 관계자들은 일관성 있는 독서 정책을 위해서 깊이 고민했으면 한다.

공공도서관과 비슷하지만 다른 학교도서관

학교도서관은 도서관법에 속해 있지만, 학교도서관진흥법(학교도서관법)이 2018년 8월에 최종 개정됨으로써 학교도서관법에 따라 운영된다. 모든 학교 도서관에는 사서나 사서교사 둘 중의 한 명이 반드시 근무하도록 법령이 정비됐다. 그래서 서울시교육청 산하의 모든 중학교에는 사서가 배치돼 있다. 대개 하나의 학교 도서관에 한 명의 사서가 있다. 학교 학생 수를 생각하지 않는 획일적인 기준이 문제이긴 해도 어쨌든 공립학교는 1학교 1사서가 원칙이다. 이 점부터 공공도서관과 다르다. 그 밖에 지방교육청 산하 중학교도 사정은 비슷하다. 다만 일부 사립학교 도서관 중에 고교와 중학교가 같은 도서관을 사용하면서 사서교사와 사서가 같이 근무하기도 한다.

그런데 교육부의 제3차 학교도서관진흥기본계획에 따르면 2030년까지 사서교사를 전국의 학교 도서관에 반 이상 채워 넣겠다고 발표했다. 이에 따라 서울과 경기도 교육청의 경우엔 사서교사만으로 학교도서관을 운영하겠다고 공표하기도 했지만 실제로 사서교사의 충원은 쉽지 않은 게 현실이다. 재정적 뒷받침도 문제이지만 다른 임용 과목과의 형평성도 문제가 된다. 학생 수가 줄고 있는 상황에서 사서 과목만 늘릴 수는 없지 않은가. 이런 틈에 몇몇 사립학교는 사서교사를 채용한답시고 기간제교사로만 채용하는 문제가 생겨서 사서교사의 직업 안정성마저 우려되는 형편이다.

장서 구성에도 차이가 난다. 중학교 도서관은 중등 교과에 도움이 되고 정서발달 단계상 청소년기에 적합한 도서 위주로 장서 구성을 한다. 일반인을 대상으로 하는 공공도서관은 학교 도서관과 비교해서 수서 범위가 훨씬 넓고 다양할 수밖에 없다. 간혹 대형서점의 베스트셀러를 학교 도서관에서 찾을 때 그 책이 없다며 투덜대기 전에 이 책이 중학교 도서관에 어울리는 책인가 반문해 봐야 한다.

공공도서관에서 '한 도서관 한 책 읽기'를 하는 것처럼 학교 도서관에서는 '한 학기 한 책 읽기'를 한다. 수행평가를 위해서 한 반이 같은 책을 보기도 하니 복본이 많을 수밖에 없다. 교과 교사들과의 의사소통과 협업은 중요하고 교육과정상에 필요한 도서를 수서 목록에 반영하게 된다. 그렇다 보니 수서의 우선순위가 공공도서관과는 다를 수밖에 없다.

공공도서관은 학생들 하교 후부터 붐비는 것과는 대조적으로 학교 도서관은 독서 수업을 하는 장소로써 이용된다. 독서 수업이 있지 않은 점심시간과 방과 후에는 학생들의 자유 이용 시간이기에 대출 반납이 많아서 수업 시간 못지않게 복잡하다. 학교 도서관은 학생들이 학교에 있는 동안엔 항상 붐빈다. 그런데 간혹 학교 부적응 학생이 수업 시간을 빼먹고 그 시간에 도서관에 있고 싶다는 경우가 있다. 설령 교사의 묵인 아래 학교도서관에서 시간을 보내고 싶다고 해도 이것은 학생의 수업 결손을 방치하는 일이다.

출결 규정상 학생의 수업 결손을 인정하는 장소는 상담실과 보건실 외에는 없다. 특히나 학교 부적응 학생일수록 전문상담사의 보살핌과 관찰을 통해서 원인을 찾고 수업 결손이 일어나지 않도록 여러모로 학생을 도와야지 학교도서관 한 귀퉁이에 방치한다면 학생을 위해 좋을 게 하나도 없다. 공공도서관에서야 학생이 낮에 학교를 빼먹고 왔든 아니든 상관할 필요가 없으나, 학교도서관에서는 학생이 수업 시간을 대신해서 학교도서관에서 우두커니 있다가 귀가하게 방치할 수는 없다. 학교도서관은 모든 교과 활동 시간에는 교사와 함께 이용해야 하는 곳이다.

  도서관 행사 기획 대상이 공공도서관은 일반인이지만, 학교도서관은 학생과 교사 위주이다. 이렇듯 사서가 근무하는 곳이 도서관이란 것은 같지만, 학교도서관과 공공도서관은 비슷하면서도 역할이 다르다.

제2장
도서관을 찾는 각양각색의 사람들

‖ 용띠 사서 다이어리 _____

사서가 되겠다고 해서 엄마와 전쟁 중

도서관 독서 수업이 쉬지 않고 붙어 있는 날이면 정말 숨 돌릴 틈도 없는 것 같다. 한바탕 난리굿을 하듯 정신없는 시간이 지나고 학생들도 거의 귀가한 후, 퇴근 시간이 다 되어서야 백현이가 우두커니 서 있는 게 보였다.

"어머 백현아, 도서관에 있었구나" 내가 아는 체를 하자 고개를 돌리는 얼굴에 눈물이 가득했다. 그리곤 어렵게 말을 꺼냈다. "저…. 엄마가 이제부터 도서관 봉사하지 말래요." 백현이는 도서반이면서 도서관 봉사활동도 열심히 하는 여학생이라 나랑 종종 사적인 얘기도 하면서 특별히 지냈기에 무슨 일이 있었는지 걱정이 됐다.

백현이는 울먹이며 띄엄띄엄한 얘기는, 엄마에게 장차 사서가 되겠다고 말했다가 엄마의 응원을 받기는커녕 사서는 안 된다면서 아예 도서관 봉사까지 하지 말라고 화를 내셨다는 거다. 아마도 좀 전에 집에서 엄마와 한 판 싸우고 다시 학교로 와서 도서관 한 귀퉁이에 서 있었나 보다. 사서가 되겠다는 바람에 엄마와 전쟁 중이라니 할 말이 없었다. 만약에 공부 잘하는 백현이가 의사나 판검사가 되겠다고 했으면 엄마 마음이 흡족했을까? 겨우 사서가 되겠다고 해서 엄마를 화나게 한 걸까?

"네가 뭘 하고 싶든 섣불리 정하지 말고, 고등학교 가서 좀 더 자신을 잘 이해하게 되면 그때 정해. 그래도 늦지 않아." "하지만 저는 엄마가 바라는 사람이 되기엔 한참 부족해요." "뭐? 우리 학교 전교 1

등이?" "잠시 성적이 잘 나왔을 뿐 언제 바닥 칠지 몰라요." 이런 말을 하는 백현이를 보니 전교 1등을 지키는 게 큰 스트레스인 것 같았다. "울 엄마가 기말시험에 등수 떨어져서 외고도 못 갈 성적이면 학교 그만두래요." "네 엄마가 너에게 거는 기대가 정말 크구나. 그리고 화가 나서 뱉은 말은 다 진심은 아니야." 백현이는 내 말을 듣는 둥 마는 둥 또 울기 시작했다. 엄마에게 쌓인 게 정말 많아 보였다. 게다가 엄마의 히스테리가 우등생 딸을 오히려 벼랑 끝으로 모는 느낌이 들었다.

며칠 후 학교 도서관으로 백현이 엄마한테서 전화가 왔다. "저…. 3학년 이백현 엄마예요. 우리 아이 학원 때문에 방과 후에 도서관 봉사 못 해요." "아, 네 알고 있습니다." "그리고 이번 주부터 반에서 급식 도우미도 하거든요. 그래서 점심시간도 못 해요." "네, 백현이에게 들어서 알고 있습니다." "그렇군요. 집에선 통 말을 안 해서…. 할 수 없이 전화했어요, 죄송해요." "아뇨, 괜찮습니다." 이후 백현이는 졸업할 때까지 도서관에서 아예 얼굴을 볼 수 없었다.

그런데 고등학생이 된 백현이가 어느 날 불쑥 도서관에 찾아왔다. 모교 방문의 날이라 일부러 날 보러 도서관에 왔다고 했다. 잇몸이 보이도록 활짝 웃으며 박카스 한 병을 내밀었다. 잘 지내냐고 물었더니, 학교 성적은 아래로 밀린지 하도 오래돼서 점수에 연연해하지 않기로 했다며 히죽거렸다. 그러면서 동아리 활동이 아주 재미있고 또 친구들과 잘 지내고 있다며 이런저런 학교 얘기로 한참 너스레를 떨었다. 이 녀석이 전에 성적 때문에 울고불고하던 그 녀석 맞나 싶었지만 듣는 내내 나도 덩달아 웃지 않을 수 없었다.

빈 의자가 필요한 사람 "그대는 괜찮은가요?"

도서관 수업이 없는 시간에 서가에서 책을 정리하느라 허리를 굽혀 일하고 있는데, 누군가 쓱 들어오는 인기척이 났다. 고개를 들어 쳐다보니, 평소 자주 책을 빌리는 교사, 한 분이 서 계셨다. 그런데 얼핏 본 얼굴에서 또르르 눈물이 떨어지고 다시 한가득 고인 눈물을 내가 보고 말았다. 순간 가슴이 철렁했다. 그분도 내게 들킨 게 민망했는지 아닌 척 고개를 돌렸다.

얼른 뒤돌아서서 서가 쪽으로 무릎을 굽혀 얼굴을 보지 않고 물었다. "저…. 괜찮으세요?"

"아, 어떻게 해야 할지, 뭐가 문제라고 이렇게 면박을 주는지, 이렇게 힘들어서야 선생 하겠어요?" 도서관 안쪽에서 푸념인 듯 원망인 듯 알 수 없는 목소리가 들렸다. 아마도 교무실에서 무슨 일이 있었던 것 같은데 도서관에만 있다 보면 밖에서 돌아가는 일엔 둔감할 수밖에 없다. 어쨌든 남들이 다 부러워하는 정교사이건만 정작 본인은 학생을 가르치는 일 외에도 감당해야 할 다른 일들로 심적 압박에 시달리는 듯했다.

교사 본연의 업무가 점차 변하는 시대이니 할 수 없는 상황이다,

코로나19 바이러스로 온라인이 대세가 되어 교사마다 새로운 방법론에 적응하느라 골머리를 앓고 있는 시점이기도 했다. 다만 교사마다 적응 속도가 다르니 문제였다. 온라인 수업이 많아 학생의 특장점을 파악하기도 쉽지 않고, 외부 예산을 집행하는 일도 복잡하고 일이 많았다. 이런저런 일이 누적되어 교사의 길도 녹록지 않아 보였다.

서가 한구석에 잠시 앉아 마음을 가다듬던 선생님은 어느새 기운을 차렸는지 멋쩍게 웃으며 나오셨다. 우리는 마치 아무 일도 없었던 것처럼 서로 바라보며 그냥 미소 지었다. 위로보다도 말 없는 미소가 더 나은 순간도 있으니까.

급식조차 굶고 도서관에 오는 외톨이

학생들은 대게 삼삼오오 친구들과 도서관에 온다. 최소한 두 명이 짝꿍이 되어 온다. 하지만 몇몇 학생은 항상 외톨이다. 청소년기의 특징이 여럿이 몰려다니는 것인데 늘 외톨이로 도서관에 온다는 것은 문제가 있다. 그래서 마음이 더 쓰인다. 혹시 학급에 친구가 없고, 학교생활이 괴로워서 도서관을 도피처로 삼는 것은 아닌가 싶어서. 혹은 스스로 외로움을 자청해 은신처가 필요해서 숨어든 건가? 어떤 경우라도 이 아이들은 도서관 문을 열면서부터 사서 눈치를 본다. 그래서 사서의 따뜻한 눈빛은 무엇보다도 중요하다. 심지어 급식조차 안 먹고 점심시간이 되자마자 도서관으로 쏜살같이 오는 학생도 있다.

김미령은 오늘도 점심을 안 먹었는지 점심시간이 채 1분도 안 지났는데 도서관 문을 열고 들어선다. 담임교사도 아닌 사서가 굳이 학생이 급식을 먹었는지 아닌지 챙길 이유는 없지만, 점심시간 되자마자 도서관으로 들어오는 학생에게 꼭 묻는 말이 있다.

"밥은 먹었어?" 미령이는 대답 없이 고개를 가로젓는다. 점심도 안 먹고 도서관에 오는 학생 중에는 미령이처럼 잠시 멈추고 반응하는 학생도 있지만, 더 심각한 경우는 반응은커녕 눈길마저 피하는 학생도 있다.

일단 반응하는 김미령은 사람을 피하고 싶은 외톨이는 아닌 듯했다. 친구들과 관계 맺기가 힘들고, 감정 소모에 시간을 낭비하고 싶지 않아서. 먼저 말을 걸 용기는 없고, 다른 애들이 물어도 대꾸하기도 힘들어서. 결국 대화에 미숙한 녀석이 무작정 은신처를 찾아온 것뿐이다.

사람과 관계 맺고 대화하는 걸 힘들어하는 녀석을 이대로 두면 결국 왕따로 남을까 봐 걱정됐다. 도서관으로 도망쳐 올 시간에 교실에서 친구들과 눈빛이라도 마주칠 기회를 얻으면 좋을 텐데 말이다. 그런데 어느 날인가부터 도서관에 오는 미령이의 발길이 아주 많이 뜸해졌다. 웬일인가 싶어 궁금하던 차에 미령이 오랜만에 도서관에 나타났다. 친구와 어깨동무하고 말이다. 비로소 친구가 생긴 모양이다. 역시나 청소년기 아니던가!

새 학교에 겨우 뿌리내린 민들레 같은 아이

중학교 3학년에 전학 온 유민석은 한눈에 봐도 우울해 보였다. 도서관에 오는 말이 없는 외톨이 학생 중에서도 제일 어두운 표정이었다. 봄 내내 그런 표정으로 도서관을 들락거리더니 어느 날부터 책을 대출하기 시작했다. 주로 심리학책을 빌리는 것 같아서 말을 붙였다.

"이 책 어려웠을 텐데…. 읽을 만했어?" "네, 그런데요. 심리학책을 더 많이 읽고 싶은데 추천해 주세요." 눈빛은 여전히 어두웠지만, 의외로 대답하는 목소리는 밝았다.

"심리학은 마음을 다루는 학문으로 정말 다양한 책들이 있어. 여기에서 맘에 드는 책 제목 있나 한번 살펴봐." 분류상 100번 대 서가(書架)를 안내해 주고 며칠이 지났다.

이번엔 민석이가 먼저 말을 걸었다. "전에 다니던 학교에서는 우울증 약을 계속 먹었어요." 갑자기 자기 얘기를 하며 내 눈치를 봤다. 뭔가 심상치 않아 보였다.

"으응…. 그 치료 덕분에 네가 심리학에 관심이 생긴 거구나?" "네"

"무슨 경험이든 지나고 나면 깨달음이 생겨, 아무것도 아닌 경험은 없더라." 민석을 돕고 싶어 성실히 대꾸해 줬다. 사실 사서로서 그 녀석에게 해줄 수 있는 게 별로 없었다. 다만 책을 빌릴 때마다 관심 어린 눈빛으로 미소 지어 주고 마음을 다독여 주는 책을 소개해 주는 게 고작이었다.

민석이는 여름방학을 지나 2학기에도 꾸준히 책을 빌렸다. 마침내

12월에는 다독상을 줄 수 있었고 상품으로 문화상품권도 주었다. 덕분에 부모님에게 칭찬을 듬뿍 받았는지 얼굴에서 빛이 났다.

"선생님, 저 생전 처음으로 상장 받았어요. 그리고 ○○공업고등학교에도 합격했어요. 우리 아빠도 다녔던 학교거든요. 울 아빠가 힘들게 하는 애들 있으면 다 말하래요. 선생님들도 모두 아는 분들이라고 했고요." 그러더니 갑자기 말소리를 낮춰 소곤거렸다. "울 아빠랑 저랑 스무 살 나이 차이도 안 나요. 울 엄마도 같은 고등학교 출신이고요." 민석이가 태어났을 때 부모 모두 미성년자, 청소년 부부였다는 것.

"이야! 『두근두근 내 인생』[1]에 나오는 얘기랑 비슷한데?" "어, 그런 책이 있어요?" 김애란 작가의 『두근두근 내 인생』이란 책을 보여주었다. 같은 이름의 영화도 있다고 알려주니, 놀라워하면서도 반겼다.

민석이는 그 후로도 도서관에 자주 왔다. 졸업식이 있던 날에도 민석이는 어김없이 도서관에 왔다. 그런데 나를 보자 순간 울컥했는지 어깨를 들썩였다. "이제 다시는 선생님 못 보는 거지요?" 닭똥 같은 눈물을 뚝뚝 떨구는 녀석을 보니 내 맘도 쓰라렸다. 하지만 조용히 민석이의 머리를 쓰다듬으며 다독다독 녀석의 등을 두드려 주었다. 새로 뿌리내리느라 애썼다고, 그동안 수고했다고.

---

1 김애란, 『두근두근 내 인생』, 창비, 2011.

열다섯 살인데 이사를 열세 번이나 해

학교 도서관 사서로 근무하면서 만난 여러 학생 중에는 중산층 가정의 평범한 학생들이 대다수지만 경제적으로 너무나 어려운 학생도 있었다. 봄비가 내리면 아직도 아련한 기억 속에 최경수 학생이 떠오른다. 초여름을 앞둔 4월의 마지막 주, 그날도 여느 때처럼 도서관의 점심시간은 학생들로 붐비고 소곤소곤 재잘거리는 말소리로 가득했다. 도서관에서 놀며 책 보며 즐거워하는 학생들을 보는 것으로 하루가 꽉 채워지는 것 같은 충만감을 만끽하고 있을 때였다. 아까부터 대출 반납 데스크 주변을 경수가 맴돌고 있었다. 마침내 낮은 목소리로 뭐라고 말하는 것 같았다. 내가 못 알아듣고 딴 곳을 보니까 데스크 앞으로 바싹 다가왔다.

"……(웅얼웅얼)." 여전히 목소리가 작아서 도무지 알아들을 수가 없었다.

"뭘 도와줄까?" 내가 물어봤지만, 경수는 망설이더니 아무 일도 아니라는 듯 그냥 도서관을 나갔다. 마침 점심시간을 마치는 예비 종이 울리고 학생들도 우르르 일어나 어수선해지는 바람에 경수를 더 붙잡지 못했다. 그런데 6교시 수업 끝 종이 울리자마자 경수가 다시 도서관에 들어와서는 불쑥 서류 한 장을 내밀었다. 고교 배정을 위한 주소 확인서였다.

"저…. 담임이 오늘 종례까지 내라고 하셨는데……."

"주소란에 집 주소 써서 담임 선생님께 내면 되지 뭐가 문제야?"

처음에는 이해가 안 됐다. 중학교 3학년, 멀쩡한 녀석이 자기 집 주소를 몰라서 머뭇거리고 있는 건가? 아니면 혹시 만에 하나, 한글을 모르나??

"집 주소를 몰라요."

"엥? 정말?"

"이사한 지 얼마 안 돼서······."

"으응~ 그럼 뭐 어떻게 하면 되겠니?"

"지도에서 찾고 싶어요."

"아하! 지도를 검색하고 싶다고? 알겠어."

당장 검색용 컴퓨터를 열고 포털 N의 지도에서 우리 학교를 중심으로 경수가 사는 동네가 어딘지 찾아봤다.

"여기 우리 학교가 있고, 지하철역 가기 전에 보건소가 있는데, 어디쯤 너희 집이 있어?"

학교를 중심으로 주요 위치를 확인해 들어가니, 비교적 쉽게 그 녀석 사는 집을 찾았다. 녀석과 함께 지도에서 집을 찾아 주소 확인하는 동안 경수 하는 말이 열세 번째 이사라서 또 언제 이사 갈지 몰라서 주소를 알아놓지 않았다고 했다.

이제 겨우 열다섯 살인데, 기억하는 것만 열세 번째 이사라니. 이사를 너무 자주 다닌 게 안쓰러웠다. 학교에 있는 동안 이사해서 집을 찾아 헤맨 적도 있었다고 했다. 게다가 아빠는 어디 있는지도 모르고 엄마가 일하느라 너무 바빠서 터울 많은 어린 동생을 돌봐야 한

제2장 도서관을 찾는 각양각색의 사람들 **49**

다는 최경수. 서류에 집 주소를 옮겨 적는 녀석이 다시 보였다. 그렇게 잦은 이사에도, 어려운 삶에도 경수가 씩씩하게 커 준 게 대견하기만 했다.

"점심시간에 해결하기엔 좀 복잡했다. 그렇지?" "네."
가볍게 말하고 교실로 가는 경수의 뒷모습을 보니 마음이 짠했다.
시간이 흘러 가을이 깊어지고 겨울바람이 제법 매서워졌다. 경수는 여전히 도서관에 종종 와서 책도 읽고 가끔은 친구들과 어울려 지나가는 모습도 보였다. 그런데 이상하게도 경수의 어깨가 잔뜩 움츠려 있었다.
겨울바람이 매우 찬데 언제 봐도 파카 같은 두툼한 외투도 없이 교복 재킷만 달랑 입고 있었다. 재킷만 입어서는 찬바람을 막을 수 없을 텐데 말이다.
생각다 못해 우리 집에 있는 파카 외투를 한 벌 가져왔다. 키가 갑자기 커진 작은아들이 작아서 못 입게 된 것이라 새것이나 다름없는 외투였다. 눈대중으로 대충 보아도 경수의 어깨에는 맞아 보였다.
"경수야, 종이 가방에 외투 하나 담아 놨어. 울 아들이 입던 거지만…. 입을래?"
그런데 아무 대답이 없었다. 혹시 내가 실수했나 싶어 경수의 눈치를 살폈다. 아무 표정도 없었다. 외투가 든 종이 가방을 내민 손이 부끄러워 더 들고 있기 머쓱했다.
"그…. 그럼, 언제든지 입고 싶으면 말해, 아니…. 여기 둘 테니까 편할 때 가져가."

　파카 외투가 든 종이 가방을 대출 반납대 옆 공간에 내려놓으며, 경수를 올려다보니 순간이동이라도 한 것처럼 어디론가 가버리고 안 보였다.

　이런저런 일로 정신없이 하루하루를 보내고 일주일쯤 지나 종이 가방이 생각나서 대출 반납대 옆 공간을 봤더니 없었다. 어느 틈에 가져갔는지, 다른 누가 가져갔는지 나도 모르는 새 사라져버린 종이 가방. 한동안 경수조차 도서관에 나타나지 않아서 내가 실수한 건 아닌지 조바심이 났다.

　몇 주 후 내가 준 그 파카를 입고 경수가 도서관에 친구들과 어울려 떠드는 게 보였다. 예전처럼 책은 보는 둥 마는 둥. 어쨌든 친구들과 어울려 놀고 있는 뒷모습이 바로 그 옷이었다.

　'자식, 고맙습니다. 한마디면 될 걸.' 어쨌든 아무 일 없는 듯 입고 있는 걸 보니 마음이 놓였다. 긴긴 겨울이 지나고, 졸업식도 지나서, 졸업한 경수를 나도 자연스레 잊었다.

　새로 온 신입생들과 진급한 학생들로 머릿속이 가득 찬 새 학기였다. 봄비라기엔 대찬 장대비가 내리던 퇴근길, 차 안에서 무심히 학교 건물을 쳐다보는데 비를 흠뻑 맞고 운동장을 가로지르는 학생이 멀리서 보였다. 앗, 희미한 모습이라도 대번에 알아볼 수 있었다. 최경수였다.

　차창 밖으로 슬쩍 본 경수가 영 마음에 걸렸다. 고교 과정이 무상

교육으로 바뀌어서 잘 다니고 있으리라 여겼는데…. 불안한 마음이 스쳤다. 혹시 고등학교 과정을 포기하려는 마음이 든 건 아닐까? 어려운 형편에 아르바이트라도 할 수 있는 고교생이 됐으니까. 교육비가 문제가 아니고 생활비가 급해서 학교를 포기하면 어쩌나 싶은 그런 걱정이 훅 들었다. '차를 돌려야겠어.' 차도에 신호등이 바뀌어 파란불이 들어와 떠밀리듯 발진했지만, 깜빡이등을 켰다. 우회전하여 한 블록을 빙 돌면 다시 학교 정문으로 갈 수 있다. 경수가 학교를 포기하려는 갈등 속에 이끌리듯 모교에 온 거라면 학업을 포기하면 안 된다고, 공부에도 때가 있는 거라고 말해줘야겠다는 절박한 심정이 됐다.

　잠시 스쳐 지나가는 직감일 뿐이고 그냥 상상에 불과할 수도 있는데 '나, 지금 뭐 하는 거지?' 싶은 마음으로 학교 주변을 빙 돌아 정문에 다다랐다. 주변을 열심히 둘러봐도 그 녀석이 없었다. '아, 분명히 경수였는데.' 무심한 와이퍼만 왔다 갔다 장대비를 닦고 있었다.

　최경수는 과연 고교를 졸업했을까? 내가 할 수 있는 건 마음으로 무탈을 기원해 주는 게 다였다.

다독상이 목적이 된 왕년의 독서 신동 지훈

도서관 이용률을 높이는 방법 가운데 하나가 다독상 시상이다. 이용자는 책을 대출한 대가로 상과 부상을 챙길 수 있어 일거양득의 기쁨을 얻을 수 있기에 도서관과 이용자 모두에게 호응이 좋은 방법이다.

학교 도서관에서도 다독상은 매년 실시하는 주된 행사이다.

그러나 문제가 없지는 않다. 일정 기간을 정해 가장 많은 자료를 대출한 이용자를 대상으로 하는 이 방법은 대출 건수를 기준으로 삼기 때문에 실제로 책을 읽었는지 확인하기 어렵다. 일회성으로 그치지 않고, 다양한 분야를 이용할 수 있도록 장려하는 데도 효과적이지 않다.

그런데도 다독상이 중요한 이유는 다른 데 있다. 상장이 주는 의미보다는 부상으로 주는 문화상품권을 받으려는 뚜렷한 목적이 있는 학생이던지 혹은 다른 엉뚱한 목적이 있더라도 무조건 도서관으로 오게 한다는 점이다. 이런 녀석들이 '다독상 저격수'라 해도 한 학기 동안은 자연스럽게 도서관 마니아 대열에 합류하는 셈이다.

사서로서 학생이 책을 읽는지 안 읽는지 일일이 확인하며 책을 대출해 줄 이유가 없으므로 모르는 척 눈 감아 준다. 다만 이들을 건전한 독서가로 키우는 방법이 문제일 뿐이다.

지훈이는 학부모 독서회에 온 어머니 말로는 어려서부터 독서 신동으로 불릴 만큼 초등학교에서는 책 읽기를 좋아하던 아이였다고 한다. 하지만 중학교에 와서는 이상하게 책을 별로 안 본다고, 푸념하는 지훈의 어머니를 알게 돼서 관심을 두게 됐다.

관심을 두고 보니 열심히 책을 대출하는 지훈이는 사실상 다독상을 원하는 이유가 어려서부터 듣던 '독서 신동'이란 칭찬을 유지하고 싶은 엉뚱한 목적이 있어 보였다. 지훈이가 빌려 가는 책들은 주로 과학 관련 도서였는데 이상한 것은 『총, 균, 쇠』[2]나 『눈먼 시계공』[3] 같은 어려운 책을 하루 만에 반납하는 거였다. 어이없어서 한마디 안 할 수가 없었다.

"아니, 이렇게 어려운 책을 하루 만에 다 읽었어?"

다독상을 받으려는 목적이 들통 난 게 부끄러웠는지, 대답도 못 하고 얼굴이 새빨개졌다. "좀 읽기 쉬운 과학책도 많아. 알려줄까?"

자연스럽게 400대 자연과학 쪽으로 안내하니, "여기 있는 책은 다 본 거예요." 역시 독서 신동답게 아는 책이 많았다.

"그럼 책을 깊이 읽게 좀 찬찬히 보는 게 어때?"

내가 지적한 한마디 말에 척 알아들은 듯 다음부터는 아이작 아시모프의 SF 걸작선 같은 과학 소설에 흥미를 보였다. 여전히 하루나 이틀 후에 반납하는 것으로 보아 정말 읽고 있는지 궁금했다. 하지만 자꾸 물으면 엄지훈을 의심하는 사서가 된다. 여기서 의문을 멈춰야 한다. 독서 신동의 명예를 지키고 싶은 지훈의 마음을 지켜줘야 한다는 생각이 들었다.

지훈이는 초등학교 때와는 다르게 방과 후에 이 학원 저 학원 사교육을 많이 받는 듯했다. 아마도 책 읽을 시간이 없었던 것 같다. 게다가 컴퓨터 게임 같은 다른 재미에 빠져서 책과 멀어졌다. 그런데도 독서 신동이었던 왕년의 칭찬을 듣고 싶었던지 한 학기 동안은 대

---

2 재레드 다이아몬드, 『총, 균, 쇠』, 김진준 역, 문학사상, 2005.
3 리처드 도킨스, 『눈먼 시계공』, 이용철 역, 사이언스북스, 2004.

출을 많이 했다. 하지만 다독상을 받고 나서는 도서관에 오는 발길이 아주 뜸 해졌다. 정녕 다독상만이 목적이었던 것인지, 이 제도를 계속 유지해야 할지 스스로 의문이 들었다.

독서가로 성장한 소민과 여진

도서관에서 만화를 대출해 주고부터는 열심히 만화만 대출해가는 학생이 생겼다. 물론 만화책이 재밌어서 빌리는 것이겠지만 얼른 다 대출자가 되려는 학생에게 만화책은 안성맞춤이다. 하루에도 몇 번씩 대출하려고 도서관에 온다. 하루에 1회밖에 대출 안 된다고 해도 '자가 대출 반납기'를 이용해서 대출 반납을 수시로 하더니 결국 수업 시간에 만화책을 펼쳐놓았다가 교과 교사에게 책을 뺏긴 학생도 있었다. 당연히 연체 일수가 어마어마해져 다독상을 못 받았다. 어쨌든 다독상이 목적인 학생은 만화책에서 글 밥 있는 책으로 발전이 안 된다.

하지만 소민이는 만화에서 책 읽는 즐거움을 발견하여 『먼 나라 이웃 나라』[4]와 같은 글 밥이 다양한 지식 만화에 관심을 보였다. 이어서 역사 관련 만화를 거의 다 읽더니 학습을 위한 지식 책으로 전환했다.

---

4 이원복, 『먼 나라 이웃 나라』, 김영사, 2016.

한편 여진이는 중학생인데도 그림책을 열심히 빌렸다. 그림책의 세계는 무궁무진하여 얻을 게 많지만, 중학생이 그림책을 꾸준히 빌려 가는 경우는 드물었다.

"그림책을 이렇게 좋아하다니 놀랐어."

"아, 네. 저도 읽고요. 엄마가 동생 읽어주라고."

"동생이 초등학생이야?"

"네, 2학년."

"동생 다니는 학교에서 빌려오면 되잖아?"

"맨 날 더 읽어줘… 이래요."

"와, 책 좋아하는 동생을 두었네"

"(귀찮은 듯)엄마 퇴근할 때까지 놀아달라고 보채는 거죠."

"착한 언니다. 복 받을 거야"

여진이는 그림책만 빌리더니, 어느 날부터는 슬슬 글 밥 있는 책으로 바꿔서 청소년 소설을 빌리기 시작했다.

"요즘은 동생이 혼자 읽기가 되나 봐?"

"아뇨, 제 핸드폰으로 게임만 해요."

"근데 1학기에 다독상 탔잖아. 2학기에는 제외인 거 알지?"

"네, 근데 책이 재밌어요"

보상을 목적으로 책을 대출했던 학생은 일단 다독상을 받으면 도서관 발길이 현격히 뜸해진다. 그런데도 소민이와 여진이는 다독상 시상이 끝난 후에도 계속 도서관에 들락거리는 다 대출자로 남았다.

지금과 같은 다독상 시상에 문제점이 있음에도 불구하고 더 많은 소민이와 여진이가 생겨나도록 하는 데에 보탬이 된다면, 엄지훈이 때와는 달리 다독상 시상이 필요하다는 생각이 들었다.

사서를 동경해 도서관 봉사를 자청하는 아이들

영화 「너의 췌장을 먹고 싶어」[5]는 제목부터 엽기적이라 보고 싶지 않았다. 하지만 같은 제목으로 번역돼서 발간된 책은 연초부터 화제였다. 마침 현장 수서 하러 간 대형서점에서 그 책을 찾아보았다. 제목과 달리 표지는 벚꽃이 흩날리는 다리 위에 남녀 고교생이 서로 다른 곳을 보고 있는 서정적인 분위기였다. 제목과 전혀 어울리지 않는 표지 덕분에 무슨 내용인지 도무지 종잡을 수가 없어서 일본 작가가 쓴 장르물이 아닐까 하는 추측에 수서 목록에 넣지 않았다. 그러나 이후 개봉한 영화 『너의 췌장을 먹고 싶어』를 보게 되면서 수서(收書)해도 되는 책이란 걸 알았다.

「너의 췌장을 먹고 싶어」 이야기의 배경이 학교 도서관이고 도서관 도우미로 활동하는 학생들을 도서 위원이라 부르는 용어까지 우리 학교와 똑같아 영화와 현실을 동일시하며 재미있게 봤다. 어린 여주인공이 결국 병사하여 애잔한 여운이 남은 영화였다.

---

5 「너의 췌장을 먹고 싶어」, 우시지마 신이치로 감독(미타 케이지 제작, 2018), 109분.

학교 도서관은 대부분 사서 혼자 근무하는 1인 도서관이다. 당연히 학생 수가 많은 학교는 사서 업무가 과중할 수밖에 없다. 초등학교는 학부모 중에 명예 교사를 뽑아서 사서 일손을 돕는다. 중학교에서는 학부모 대신에 학생이 봉사활동을 한다. 학교마다 명칭은 다른데 도서부, 도서 위원, 도서실 도우미 등 다양하게 부르고 있다.

우리 학교의 도서 위원은 사서로서 일손이 부족한 여러 부분에 큰 도움을 주는 든든한 지원군이다. 도서관 행사 기간에는 행사 진행 도우미 역할도 한다. 학급 도서 정리도 도서 위원 몫이다. 학교마다 차이는 있지만, 도서관에서 하는 독서 수업이 많을수록 도서관 정리에 쓰이는 시간도 많다. 수업이 끝나면 도서 위원이 책 정리를 하도록 하여 다음 도서관 수업에 차질 없도록 사서 일손을 돕고 있다.

도서 위원 학생들은 평소에는 학급 도서를 가지런히 관리하고, 매주 한 번씩은 도서실 도우미로 봉사하러 도서관에 들러야 한다. 점심시간에 식사하자마자 오거나, 방과 후에 오거나 매주 15분씩 도서관에서 도우미로 봉사활동을 한다. 일반적으로 도서 위원 스스로 봉사 요일과 시간을 정해서 도서관에 오게 하고 있다.

그런데 이송희, 김동모, 김주영은 자기 봉사 시간 외에도 점심시간, 혹은 방과 후에도 "선생님, 뭐 도울 거 있어요?" 이러면서 어김없이 도서관에 온다. 몇몇 친구들과 함께 오기도 한다. 도서관에서 책을 읽기도 하고 혹은 공부하기도 하지만 항상 나와 눈도장을 먼저 찍는다. 도서관을 서식지로 삼아 살아가는 '도서관 마니아'라 해도 과

언이 아니다.

"방과 후에 학원 안 가?"

"수학 학원만 다녀요." 혹은 "영어만 다녀요." 이런 대답이 돌아온다. 당연히 방과 후에 매일 매일 학원가기에 바쁜 학생에 비해서 시간이 많은 편이라 거의 매일 도서관에 온다.

성적이 상위권은 아니어도 친구들과 잘 소통하는 학생들이고, 무엇보다도 책을 좋아하고, 사서를 개인적으로 아주 좋아하거나 사서 업무를 동경하는 학생들이다. 더구나 도서관 봉사를 보람 있는 일로 여기는 학생들이다. 이런 도서관 마니아들 덕분에 일손이 달리는 1인 사서이지만 학교 도서관이 제대로 굴러간다.

판타지 소설에 푹 빠져 도서관을 좋아하는 아이들

도서관을 서식지로 삼는 '도서관 마니아' 중에서 도서관 봉사를 좋아하는 학생들도 있지만, 단연코 으뜸 단골 학생은 판타지 소설 마니아들이다. 1교시를 시작하기도 전에 매일 출근 도장을 찍듯이 책을 빌리러 온다. 마치 판타지 특별 코너에 꿀 발라놓은 것처럼 하루도 빼지 않고 책을 탐독하는 게 너무 신기할 정도이다. 보통 2~3권으로 시리즈가 끝나지 않고 수십 권씩 이어지는데 결국 다 읽고 만다. 얼마나 충성스러운 독자인지 모른다.

혹자는 판타지 소설이 현실 도피적 사고를 유도하고, 공부에 방해가 된다고 비판적으로 보기도 하지만 판타지 소설에 편향적인 독서는 유독 청소년기에만 뚜렷이 보이는 경향이다. 물론 청소년을 위한 판타지 소설을 표방하는 책들이 속속 출판되고 있긴 한데 어쨌든 주 독자층은 청소년들이다. 글이 쉽게 쓰인 것도 한몫하고, 현실에서는 이뤄질 수 없는 불가능한 욕구를 대리 만족시켜 주는 역할을 판타지 소설이 톡톡히 해주기 때문인 것 같다.

여기에 핸드폰 웹과 포털에서 맛보기로 무료 보기 덕분에 포털에서 연재했던 판타지 소설을 책으로 찾는 학생들이 많다. 이런 책들은 수행평가용 도서나 인문학 책과는 달리 학생 스스로 선택해 읽기 때문에 몰입도가 더 높다. 역시 독서도 자율성이 중요하다.

판타지 소설 중에서도 대출 순위 상위권은 단연코 로맨스 판타지 소설이다. 카**포털 페이지와 네**포털을 통해 쉽게 인터넷 소설을 소비하는 학생들에게 로맨스 판타지는 인기가 제일 많다. 포털에서 19금 소설은 어차피 차단돼서 읽지도 못하기에 학생들이 찾는 도서 내용은 그리 선정적이지 않다. 게다가 로맨스 판타지 소설을 읽음으로써 책으로 연애를 간접 경험해보는 대리만족용으로 나쁘지 않다. 문제는 일본 판타지 소설 중에는 저속한 번역본이 넘쳐나서 선정적인 내용이 들어 있어 거르기가 어렵다는 것이다. 특히 일본어 문고판 번역 도서는 아주 저질이라 판타지 소설이라도 입고하면 절대 안 된다.

판타지 소설을 읽는 게 지나쳐 공부 시간을 뺏고 시간을 낭비하는 문제점이 있긴 해도 소프트 파워 시대 콘텐츠 크리에이터로 성장하려면 현실과 판타지를 넘나들며 상상할 수 있는 자양분이 필요하다. 국어 교과서 같은 책만 읽고는 상상력 훈련을 할 수는 없다. 로맨스 판타지 혹은 무협 판타지 같은 콘텐츠 소비자였다가 새로운 장르의 창작자로서 성장하여 작가가 될 수도 있다. 어떤 분야든 창의력을 키우려면 인풋이 있어야지, 무작정 무에서 유를 창조할 순 없잖은가.

한때는 해리포터, 반지의 제왕 등 해외 판타지가 인기였다. 요즘은 국내 작가의 판타지를 더 많은 학생이 찾고 있다. 이영도 판타지는 『드래곤 라자』[6]를 필두로 『눈물을 마시는 새』[7], 『피를 마시는 새』[8] 등 일단 그의 판타지 세계에 발을 들여놓은 독자는 반복해서 읽기도 한다.

그 밖에도 전동조의 『묵향』[9]과 검류혼의 『비뢰도』[10]도 무려 30여 권이 넘는 시리즈가 계속 이어져 발행 중이다. 다만 판타지 소설의 인기는 쉽게 식는 단점이 있다. 시리즈가 끝나기도 전에 다른 작품으로 갈아타는 독자도 많다. 예를 들어 『타라 덩컨』[11] 시리즈는 그렇게 읽는 학생이 많더니 요즘은 통 찾는 학생이 없다. 대신 『아도니스』[12],

---

6　이영도, 『드래곤 라자』 세트, 황금가지, 2014.
7　이영도, 『눈물을 마시는 새』 세트, 황금가지, 2014.
8　이영도, 『피를 마시는 새』 세트, 황금가지, 2014.
9　전동조, 『묵향』, 스카이BOOK, 2021.
10　검류혼, 『비뢰도』, 청어람, 2010.
11　소피 오두인 마미코니안, 『타라 덩컨』, 이원희 역, 소담출판사, 2015.
12　남혜인, 『아도니스』, 동아, 2019.

『정령왕 엘퀴네스』[13], 『검을 든 꽃』[14] 등이 인기다. 최근 대출 상위 순위는 단연코 『두 번 사는 랭커』[15]이다. 32권으로 완결된 한국 판타지 소설인데 완전 인기 최고이다.

미래 사회와 판타지가 적절히 섞인 김초엽 작가의 『지구 끝 온실』[16]과 박소영 작가의 『스노볼』[17]과 같은 SF 판타지 소설도 인기리에 대출되고 있다.

판타지 소설에 푹 빠져 도서관을 서식지 삼아 책과 친해진 판타지 마니아 마동민, 채영희, 김지현은 판타지 책만 많이 읽는 게 아니고 성적도 많이 올랐다. 딱히 공부에 도움을 주는 독서는 아니지만, 독해력 향상에 좋은 영향을 준 것 같다.

간혹 무작정 재미있게 읽을 책을 권해달라는 학생에게는 아무리 열심히 교양 도서, 학습 도서 등등 좋은 책을 소개해 줘도 소용없다. 채영희 또는 김지현에게 부탁하면 결과가 좋다. 판타지 소설을 좋아하는 소년 소녀로서 판타지 소설 전도사 역할도 아주 완벽히 잘한다.

"영희야, 이 학생에게 재미난 책 좀 소개해 줄래?"

잠시 후에 보면 재밌는 책을 찾던 학생 표정이 밝아져 있다. 동민

---

13 이환, 『정령왕 엘퀴네스』, 드림북스, 2022.
14 은소로, 『검을 든 꽃』, 연담, 2018.
15 사도연, 『두 번 사는 랭커』, 드림북스, 2020.
16 김초엽, 『지구 끝 온실』, 자이언트북스, 2021.
17 박소영, 『스노볼』, 창비, 2021.

이 영희, 지현이가 권해주는 『달빛 조각사』[18] 『마법군주』[19]와 같은 판타지 소설은 거의 실패하는 법이 없다.

얼마 전에 학생들의 희망 도서를 반영하여 조금씩 사 모은 판타지 소설과 추리, 무협, 그림책 등을 한데 모아 판타지 특별 서가를 따로 만들었다. 여기는 만화와 더불어 우리 학교 '도서 꿀단지'가 되어 도서관 마니아들의 놀이터가 됐다.

연애 얘기뿐이라고 갑질하던 그 분

학생들의 희망 도서와 교사가 바라는 책 사이에는 간격이 큰 편이다. 그리고 그 틈은 장서를 구성할 때마다 사서를 고민에 휩싸이게 한다. 요즘 학생들은 워낙 어려서부터 TV, 컴퓨터, 핸드폰 등을 매개로 한 영상 매체에 익숙해 있기에 인터넷 혹은 핸드폰 앱을 통해 접하는 웹툰, 웹 소설, 판타지 소설은 익숙한 데 반해서 고전이나 인문학 관련 분야는 취미 붙이길 어려워한다. 더구나 연애에 관심이 생기기 시작하는 사춘기라서 학생이 찾는 책도 달달 한 연애 소설이거나 판타지가 섞인 로맨스 판타지이거나 아니면 아예 무서운 공포 또는 추리 소설을 희망 도서로 신청하는 예가 많다.

학교 도서관의 주된 이용자가 학생이기에 학생 취향에 맞는 만화

---

18 남희석, 『달빛 조각사』 (전 58권 완결), 로크 미디어, 2007~2020.
19 발렌, 『마법군주』, 드림북스, 2014.

와 판타지 소설 중에서 선정적이지 않고 폭력적이지 않은 도서를 수서 목록에 넣어 차근차근 사들이면서 있었던 일이다. 학생과 교사의 희망 도서 신청을 종합하여 학교 홈페이지에 일주일 이상 공고하고 학교 도서관 운영위원회 회의를 거치는 등 절차에 맞춰 진행됨에도 불구하고 어이없는 일이 벌어졌다. 도서 구매 지출을 집행하는 행정실에서 교장 의견이라며 왜 이렇게 연애 얘기가 많은 거냐는 질의가 들어왔다. 이미 학교 도서관 운영위원회 회의록을 내부 결재 받았고, 도서 구매를 위한 에듀파인도 교장 본인이 결재한 마당에 정말 기가 막힌 형국이었다.

하지만 교장 의견이라니 무시할 수도 없었다. 망설이다 용기를 내서 교장실로 직접 들어갔다. 학교라는 조직 사회에서 사서가 담당 부장을 경유하지도 않고 바로 교장실로 들어가려니 가슴 떨렸다.

"저, 드릴 말씀이 있습니다."

"아. 무슨 애로사항이라도? 허심탄회하게 얘기해 주세요." 겁도 없이 교장실로 들어가긴 했지만, 막상 얘기하려니 말문이 탁 막혔다. 정신을 가다듬어 학교 도서관 운영위원회 회의록 등등 얘기를 시작하려는데,

"중학생이 연애하는 게 무슨 자랑이라고. 그런 책이 너무 많잖아요?"라면서, 먼저 얘기를 꺼내셨다. 1학기 구매 도서 목록을 보면 만화고 소설이고 온통 연애 얘기뿐이라고, 여기에서 그치면 좋은데 다음 말은 너무 속상했다.

"구매 도서 목록을 보면, 사서 수준을 알아본다니까."

말끝을 흐리며 작은 소리로 해도 내 귀에는 다 들렸다. 이미 학생들이 원하는 책 중심으로 구매하기로 학교 도서관 운영위원회의 학부모 위원, 교사 위원, 외부 전문위원까지 재차 숙고한 내용이고, 본인이 회의록과 에듀파인 결재까지 다 했다. 그런데도 도서 목록을 사서 개인 취향으로 몰아가다니 속상했다. 이번엔 조금 더 큰 소리로 "학생이니까 건전한 책을 읽게 해야지요. 연애가 다 뭐에요?" 묻는 건지 꾸짖는 건지 알 수 없는 말투였다.

나는 대꾸하고 싶지 않았다. 교장이 읽히고 싶은 교양서적만 잔뜩 사놓으면 학생들이 외면하니 학교 도서관이 한산할 수밖에 없다. 월급쟁이 사서로서 근무 강도도 낮아지니 마다할 일이 아니고 환영할 일이다.

하지만 사서로서 직업의식이 있다면 한산한 도서관 돼서 편하다고 좋아할 사람이 있을까? 오히려 학생들이 도서관으로 와서 이 책 저 책 뒤적이고 속닥거리며 수다도 떨고 책읽기 쾌적한 도서관이 돼야 사서로서 보람 있고 행복하다는 걸 교장과의 몇 마디 대화에서 설명할 수는 없었다. 어차피 신간 구매를 처음부터 뒤집으려고 하는 게 아니라, 사서라는 지위를 만만히 보고 트집 잡으려는 심보로 이야길 꺼낸 게 분명했다. 한 번 더 내 기분을 꾹 눌러 참았다.

"중학생들이 학교 밖에서 연애를 배우를 하는 것보다 차라리 책으로 배우는 게 낫지 않을까요? 학생들이 대리만족할 수 있는 책들을 넣었습니다."

 이때 교장이 한마디 더 했다.

 "아무리 그래도 그렇지, 중학생이 연애는 무슨, 참 나."

 교장실을 나오며 만감이 교차했다. 정년만 보장될 뿐 알고 보면 비정규직 사서라고 지금 갑질 당한 것 같았다. 그분이 정년퇴직해서 정말 다행이다. 이후로는 이렇게 유치하게 갑질 하는 교장을 만난 적이 없으니 말이다.

제3장

함께 하는 도서관 활용 수업

∥ 용띠 사서 다이어리

도서반 교사와 코티칭, 학생들과 '관계 맺기'

독서동아리 '도서반'은 상설 동아리로 CA(Club Activity)는 거의 매달 한 번씩 의무적으로 모임이 있다. CA 동아리 활동은 교과 시간으로 인정받는 엄연한 수업이기 때문에 독서동아리 '도서반' 담당 교사가 진행하지만, 학생과의 '관계 맺기'를 소중하게 여기다 보니 무조건 동아리 담당 교사에게 맡길 수 없었다. 그래서 분업 형태의 협업을 하게 됐다.

동아리 담당 교사는 학생들의 출결을 책임지고 생활기록부에 활동 사항을 기록하고, 사서는 도서반 학생들이 동아리 활동을 할 수 있도록 진행을 돕는 역할을 하는 코티칭(Co-teaching) 형태로 운영하고 있다. 여기서 '진행'이라 함은 동아리 활동을 스스로 운영하기에 역부족인 중학생이라는 점을 고려하여 독서토론이든 이색 도서관 탐방이든 학생들이 동아리 활동을 원활하게 할 수 있게 도움을 주는 역할을 말한다.

이를테면 학교 밖 도서관을 방문 하면 미리 연락하여 예약한다든지 위치를 모르는 학생을 교사와 함께 인솔해 간다든지 하는 일이다. 학교도서관에서 활동할 때도 그림책을 읽게끔 미리 PPT 그림파일을 준비해 준다든지, 독후 활동으로 종이책 만들기를 할 때 종이책 만드는 시범을 보여주는 등 동아리 시간에 학생들과 실제적인 활동을 한다.

동아리 첫 시간에는 대표를 선출하고, 이어서 독서동아리 '도서반'

이 해왔던 일련의 활동을 보여줌으로써 다음 시간부터 어떤 활동을 할지 정할 수 있도록 안내해 준다. 3월부터 12월까지 총 10회의 실제 활동 중에서 어떤 활동을 계속하고 뺄지를 첫 시간에 정한다.

10회 중에 마지막 회는 그동안 했던 여덟 번의 활동을 스스로 자평하는 시간을 갖는다. 이 평가는 다음 해에 동아리 활동의 기준이 된다. 작년에 이어서 독서동아리 '도서반' 활동을 한 학생은 작년과 올해를 비교하며 동아리 선배로서 조언할 수 있도록 활동 소감을 발표하게 한다.

거의 매달 한 번씩 하는 동아리 활동의 나머지 3회 정도는 '진로'라는 주제에 맞췄다. 자유학년제와 맞물려 진로 교육에 편승하고 싶기도 했지만, 진로 체험을 통해 중학교 1학년 학생들이 너무 이른 나이에 직업에만 관심 두는 게 몹시 못마땅했기 때문이다. 적어도 독서동아리 '도서반' 학생들에게 진로 교육이란 직업을 정하는 것이 아니고, 꿈이 뭐냐는 질문은 직업을 무엇으로 할 것이냐를 정하는 질문이 아님을 알려주고 싶었다.

그래서 '진로 가치관 형성'이라는 주제로 특이한 직업을 소개하는 영상을 함께 보고, 사람이 왜 일해야 하는지, 진로를 찾기 전에 먼저 무엇부터 알아야 할지 등을 토론하는 시간을 가졌다. 또 대형서점을 방문하여 관심 있는 진로 분야의 책을 둘러보고 찜한 분야의 책 제목을 써오는 미션을 주기도 했다. 물론 활동지에 적는 것에 불과하더라도 수많은 도서 정보 가운데 꼭 필요한 정보를 찾는 활동을 직접 해

보는 경험이다.

　진로 관련 도서로 『발레리나 벨린다』[20], 『책 먹는 여우』[21], 『리디아의 정원』[22] 등과 같은 그림책을 활용하기도 한다. 그림책이라도 진로와 관련된 가치관 형성에 영향을 끼치는 책이고, 미리 준비한 PPT 그림파일로 함께 읽고 생각해 보는 시간을 가질 수 있다.

　나머지 3~4회 정도는 이색 도서관 탐방을 위해서 견학 가는 것도 빼놓지 않고 있다. 남산도서관을 방문해서 안중근 기념관도 함께 견학하는 식이다. 정독 도서관을 견학할 때는 서울교육박물관 견학도 함께 한다. 국립어린이청소년도서관 또는 국립중앙도서관에서 하는 이색 전시를 구경하는 것도 겸하여 탐방한다. 국회도서관도 빼놓지 않고 한 번씩은 방문하고 있다, 이런 방식으로 동아리 담당 교사와 분업 형태의 협업을 사서 업무로서 하고 있다.

학교 근처 작은 도서관에서 그림책 읽어주기

학교 근처 동사무소 3층에 자원봉사자들이 봉사하며 운영하는 작은 도서관이 있다. 구청의 지원을 받는 덕분에 인근 공공도서관에서 순회 사서를 보내는 곳이라 제대로 운영하는 작은 도서관이다.

　이곳에는 자원봉사자로 구성된 '책 읽어주는 어머니회'가 있어서

---

20 에이미 영, 『발레리나 벨린다』, 이주희 역, 느림보, 2003.
21 프란치스카 비어만, 『책 먹는 여우』, 김경연 역, 주니어김영사, 2018.
22 사라 스튜어트, 『리디아의 정원』, 이복희 역, 시공주니어, 2022.

한글을 못 읽는 어린이집 원아들이 작은 도서관을 방문하더라도 1대 1로 책을 읽어주는 활동을 거의 매일 한다는 걸 알게 됐다. 이 사실을 알자마자 번개처럼 아이디어가 떠올랐다.

 작은 도서관에서 우리 학교 독서동아리 '도서반' 학생들도 어린이집 원아들을 상대로 그림책 읽어주기를 할 수 있을 것 같았다. 더구나 형제자매가 많지 않은 요즘 학생들에게 어린 동생을 배려하는 마음을 갖게 하고, 관련 직업에 대한 간접 경험도 할 기회가 될 것 같았다.

 우선 작은 도서관에 연락해서 가능성을 타진해 봤다. 대표 봉사자라는 분과 일정을 맞추고, 어린이집 원아를 섭외하는 일을 부탁드렸다.

 한편 독서동아리 '도서반' 학생들에게는 책 읽어주기 활동을 나가기 전에 사전 교육이 필요했다.

 이 활동의 취지를 설명하고 읽어주기 좋은 그림책을 선정하는 것부터 시작했다. 친구들 앞에서 그림책을 소리 내서 읽게 하고 친구들의 반응을 보면서 원아에게 읽어줄 책으로 적합한지 아닌지 알아서 판단할 기회를 주었다. 그 다음은 책 읽어 줄 때 원아들의 관심을 끌고 이해를 도울 수 있게 목소리를 바꿔가며 읽어주는 것은, 내가 직접 시연해 보여주었다. 무엇보다도 어린 동생과 1대 1로 옆에 앉아 있을 때 귀엽다고 볼을 꼬집거나 머리를 쓰다듬는 등 적극적인 신체 접촉을 해선 안 된다고 단단히 일렀다.

마침내 6세 반 어린이집 원생들과 우리 학생들이 대면했다. 처음에는 서로 어색했지만, 곧 한 명씩 담당이 정해지자 독서동아리 '도서반' 학생들은 열심히 책을 읽어주기 시작했다. 동생이 없거나 있어도 책을 읽어줘 본 경험이 전혀 없는 학생도 있어서 걱정스러웠는데 교육한 대로 차분하게 어린이집 원생들에게 성실히 책을 읽어주었다.

30여 분의 활동 시간을 마치고 어린이집 원아들이 귀가한 후에 독서동아리 '도서반' 학생들끼리 간식을 먹으며 뒤풀이 시간을 가졌다.

"아이들에게 책을 읽어주는 건 어려워요."
"다시 하면 더 잘할 것 같아요."
"남자는 유치원 선생님 못 하죠?"
"듣지도 않고 자꾸 다른 책을 가져와서, 정말 힘들었어요."
"어린이 돌보는 건 적성에 안 맞아요."
"보육교사를 하고 싶어졌어요." 등등 학생들은 새로운 경험담을 얘기하느라 바빴다.

미리 준비한 설문지에 오늘 활동에 대해 평가하게 하고 간단한 소감과 질문을 쓰게 했다. 짧게라도 글로 정리해 놓는 게 나중에 스스로 돌아볼 기회가 되기 때문이다.

작은 도서관에는 우리 학교 학부모로서 자원봉사자로 활약하는 분들이 여럿 계셔서 이번 활동에 큰 힘이 돼 주셨다. 특별히 준비해 주신 간식 덕분에 어린이집 원아들도 학생들도 맛있게 먹고, 즐거운 직업 체험의 시간이 되어 작은 도서관과의 협업을 순조롭게 마쳤다.

책이 재미없다는 학생들을 위한 독서캠프

우리 학교는 사회복지사가 상주하는 복지실이 있다. 어느 날 우리 부서장이 복지실과 의논하여 교육복지 집중지원 학생을 위한 여름방학 독서캠프를 만들어 보라고 했다. 학교 도서관에서 책 놀이와 독후감 쓰기를 하면 무난하겠지만, 사회복지사 말로는 교육복지 대상 학생 중에는 책을 좋아하지 않는 학생도 여럿 있다고 했다. 그런 학생들이 책 놀이와 독후감 쓰기를 3일 동안이나 하면 자칫 지루할 수도 있을 것 같았다.

 독서가 재미없는 학생도 의미 있고 즐거운 독서캠프를 누리려면 어떻게 해야 할까? 고심 끝에 중학교 사서로 취업하기 전, 비영리민간단체 '도서관을 사랑하는 사람들'을 운영하며 어머니회원들과 했던 체험형 독서프로그램을 떠올렸다. 당시 『짜장면 불어요』[23]를 주제 도서로 정한 뒤, 짜장면 재료 말하기, 그림으로 재료 그리기 같은 책 읽기 전, 독전 활동을 했다. 본 활동은 초등학교 자녀와 어머니 회원이 이 주제 도서를 같이 읽는 시간을 가졌다. 독후 활동으로는 짜장면을 만들어서 나눠 먹고, 그 모든 과정을 글로 쓰게 했다. 책 읽고 글 쓰는데 취미가 없는 아이라도 활동을 곁들이니까 화기애애했던

---

23 이현, 『짜장면 불어요』, 창비, 2006.

기억이 났다.

 중학생이긴 해도 『짜장면 불어요』와 같은 동화책을 주제 도서로 하면 독서의 부담을 줄일 수 있다. 또 학생들에게 친숙한 짜장면을 소재로 캠프를 꾸리면 재밌어 할 것 같았다. 덤으로 근현대사와 연관 지어 역사 공부도 겸하면 중학생 수준에도 맞을 것이다. 다만 짜장면을 만들어 먹는 대신에 인천 차이나타운에 견학 가서 원조 짜장면을 먹어보고, 즉석짜장 컵라면과 맛을 비교해 보면 알찬 독서캠프가 될 듯했다.

 독서캠프 계획서를 준비하던 어느 날 학교 근처 중국음식점에 걸린 현수막이 우연히 눈에 들어왔다. '홀 짜장면 4,000원 배달 안 됨'이라고 쓰여 있었다. 그 순간 좋은 생각이 떠올랐다. 원조 짜장면과 즉석짜장 컵라면의 맛을 비교하는 대신에 동네 짜장면과 맛을 비교하면 더 생생한 체험 활동이 될 것 같았다. 독서프로그램 3일 중, 2일은 식사가 아닌 간식을 나누는 것을 계획했기에 1인당 5,000원씩 예산을 잡았다. 음식점 앞에 붙은 현수막대로 학생들과 그 가게에서 4,000원짜리 동네 짜장면을 먹으면, 마지막 날에는 아이스크림도 사줄 수 있겠다 싶어 즐거운 맘으로 계획서를 변경하여 결재 받았다.

 야심차게 체험형 독서 활동을 준비한 첫째 날, 독전 활동으로 자기소개를 간단히 하고, 짜장면 재료에 뭐가 들어가는지 묻고 답하기를 한 후에 『짜장면 불어요』를 읽기 시작했다. 동화책이니까 쉽게 읽겠지 싶었는데 책 내용을 발췌한 프린트를 나눠주고 얼마 지나지도 않아서 집중이 안 되고 산만해졌다. 차라리 그림책으로 하는 게 나았을까 싶은 생각이 들었다. 어쩔 수 없이 『짜장면 불어요』의 일부분을 내가 읽어주었다. 실감 나게 목소리 연기까지 곁들여 읽어주니 한결 집중을 잘했다. 그리고 인천 차이나타운을 소개한 프린트를 나눠주고, 둘러보고 싶은 곳을 그리고 쓰게 하여 스탠드 북 만들기를 했다.

 독서캠프를 시작한 지 90분쯤 지나서 동네 짜장면을 먹으러 미리 눈여겨봐 둔 음식점으로 학생들과 이동했다. 가게 안으로 들어가 짜장면을 시켰다. 학생들은 음식이 나오자마자 '순삭'이라는 말이 딱 어울릴 정도로 순식간에 그릇을 비웠다. 젓가락을 내려놓고 한숨 돌리는 듯해서 짜장면 맛을 뭐라 말하면 좋을지 한마디씩 해보라고 했다. 그런데 먹을 때와 달리 우물쭈물 아무도 나서서 말을 안 했다. 맛을 표현하는 데에 미숙하거나 아직 맘을 열고 이야기 나누기엔 친하지 않아서 할 말이 없는 것 같았다. 음식점에서 아이들을 재촉하는 것도 무리여서 일어섰다. 식사를 끝낸 학생들을 뒤로하고 계산대에서 학교 법인카드를 꺼냈다.

 이때 돌발 상황이 벌어졌다. 계산하려던 찰라, 가게 주인은 현금만 '할인가'이고 카드로 계산하면 정가를 다 받는다고 했다. 학교 카드만 믿고 왔는데 당황스러웠다.

 어려도 돈에 민감한 녀석들임을 알기에 이 상황을 학생들이 눈치채고 혹시나 기분 망칠까 봐 우선 표정 관리부터 했다. 얼른 모자라는 금액을 내 카드로 계산하곤 아무 일 없는 듯 주인에게 되묻지도 못하고 나왔다.

　학교로 돌아가서 학생들에게 짜장면 먹은 소감을 그림과 함께 쓰게 하고 발표도 시켰다. 가게에서는 꿀 먹은 벙어리처럼 말 없던 녀석들이 배불리 잘 먹고 서로 친해졌는지 그림이면 그림, 글이면 글, 나름 성의껏 쓰고 발표도 잘했다.

　학생들이 돌아가자 아까 그 가게 일이 떠올랐다. 꼼꼼치 못한 내 탓이니 할 수 없지만, 무엇보다도 마지막 날에 아이스크림도 못 사주게 돼서 속상했다. 교육청 예산으로 집행하는 일에 매번 사비를 넣을 수는 없으니까 미리 현장을 확인했어야 했는데 그걸 못한 게 후회됐다. 가게에 전화해서 짜장면이 4,000원이 맞는지 물어만 봤어도 실수는 없었을 텐데 말이다.

　둘째 날은 사회복지사와 만나서 학생들과 함께 인천역 차이나타운으로 이동했다. 예약한 문화해설사에게 차이나타운의 역사와 근대사에 대한 설명을 들으며 짜장면박물관부터 개항박물관, 근대건축전시장까지 둘러보았다. 거의 오후 1시가 다 되어서 짜장면으로 유명한 가게에서 점심으로 원조 짜장면에 탕수육까지 곁들여 먹었다.

　어제 먹었던 동네 짜장면과 비교해서 맛이 어떤지 궁금했다. 하지만 학생들은 또 그저 말없이 먹기만 했다. 먼 곳까지 와서 쉼 없이 여기저기 다니느라 벌써 지친 것인지, 장소가 낯설어서 긴장하는 것인지 가늠이 안 됐다.

　식사 후에 우리는 한중문화관에서 탁본 체험과 중국 전통의상을 입어보는 경험도 했다. 인천역에서 학생들과 헤어지기 전에, 내일은 인화한 사진을 가지고 포토 북을 만들 거라고 일러주었다. 자신이 찍은 사진 중에 10장을 골라서 학교 근처 사진관의 이 메일 주소로 전송하라고 했다.

독서캠프 셋째 날이자 마지막 날, 오전에 학교에 왔더라도 운동장이나 복지실에서 놀고 있으라고 문자 메시지를 보내고, 집합 시간을 오후 1시로 했다. 그 시간에 사진관에 가서 인화된 사진과 점심 겸 간식으로 줄 만두를 찾아와야 했다. 배달시키면 지출 초과라 할 수 없이 직접 다녀왔다.

학생들이 도서관에 모이자 만두를 주고 나서, 『짜장면 불어요』의 어떤 대목이 재밌었는지, 이 책의 어떤 부분이 공감 갔는지 물어봤다. 어제는 시든 채소처럼 조용하던 녀석들이 학교 도서관에서는 다시 활발해졌다. 그중에서도 첫날부터 별말이 없던 한 녀석이 마침내 마음을 열었는지, 발표하겠다고 손을 번쩍 들어 깜짝 놀랐다.

자기 형이 중국음식점 배달을 하는 데 얼마 전에 교통사고가 나서 병원에 있다고 했다. 배달이 만만한 일이 아니며 오토바이는 무섭지만, 면허를 딸 수 있는 나이가 되면 형처럼 일하고 싶다고 했다. 솔직하고도 현실적인 장래 희망을 말하는 동안 학생들이 모두 집중했고, 순간이지만 이 아이의 눈이 반짝반짝 빛났다.

이어서 어제 각자 찍은 사진을 작은 앨범에 끼워 넣어 포토 북(photo-book)을 만들기를 했다. 학생들이 만든 포토 북을 보며 새삼 새로운 것을 알게 됐다. 같은 시간에 같은 거리를 보고 왔지만 찍힌 사진은 각양각색이었다. 짜장면의 유래와 더불어 차이나타운이 생겨난 역사적 배경이나 근현대사에 관심 두기를 바라는 것은 내 바람일 뿐, 아이들 마음속에는 전혀 다른 게 형상화되어 있었다.

한 아이는 포토 북에 자기 얼굴 셀카 사진만 잔뜩 넣었다. 또 다른 녀석은 중국 사원을 모방한 곳의 십이지상을 고루 찍었나 했더니 개와 돼지 사진만 있었다. 또 어떤 녀석은 길고양이를, 어떤 아이는 차이나타운 길가에 있던 꽃 사진을 잔뜩 찍었다. 심지어 중국 거리 사진은 한 장도도 없고 중국 전통의상을 입고 찍은 사진도 없었다. 이런 사진을 얻으려고 인천까지 지하철 타고 1시간을 가서 2시간 이상 다리품을 팔았나 싶었다.

아이들에게 물어봤다. "차이나타운 거리에는 특이한 건물도 많았잖아?" "구경하느라 정신없어서요." "사람들이 많아서 사진을 찍을 수 없었어요." 하긴 평일이었지만 거리에 사람이 많긴 했다. "그럼…. 중국 전통의상을 입고 사진 많이 찍었잖아? 그 사진들은 왜 포토 북에 안 넣었어?" "중국옷 입고 찍은 건 예쁘게 나온 사진이 하나도 없었고, 옷이 크거나 작아서 고를 사진이 없었어요."

안타까운 마음이 들어서 좀 더 물어보았다. "짜장면박물관은 어땠어?"

"설명 듣느라 사진 못 찍었어요." "찍을 게 없었어요."

아는 만큼 보인다는 말대로 학생들에게 차이나타운은 그냥 낯선 곳에 불과했다. 학생들의 공통적인 반응은 낯선 것들에 대한 호감보다는 비호감이 더 컸다는 것이다. 하지만 한 번 더 그곳에 가고 싶으냐고 물었을 때는 이구동성으로 또 가고 싶다고 했다, 아마도 차이나타운 견학 이후로 중국에 관심이 생긴 것 같다. 그리고 짜장면과 중국 음식만큼은 동네 음식점보다 훨씬 맛있다고 했다.

"교육이란 양동이를 채우는 일이 아니라 학생들의 마음속에 불을 지피는 일이다." 윌리엄 버틀러 예이츠(William Butler Yeats)의 말이 새삼 떠올랐다. 무더운 여름방학에 3일간의 독서캠프를 위해서 비지땀을 흘린 시간에 비해서 학생들의 반응은 그다지 분명하지 않았다.

하지만 학생들과 친해진 것은 분명했다. 개학 후에 도서실에서 눈맞춤하는 녀석들의 반가운 얼굴에서 친근한 마음을 읽을 수 있었다. 알게 모르게 학생들에게 선한 영향을 끼친 게 분명했다. 교육성과는 미미했지만, 책과 도서관에 흥미가 없던 아이들의 마음을 얻은 것만으로도 다행이라고 위안하며 사회복지사와 협업을 마쳤다.

국어 교사와 코티칭, 청구기호로 도서 찾기

'깜박깜박' 학교 내부 통신에 쪽지 서너 개가 떴다. 대부분은 알림에 그치는 내용이라 심드렁하게 클릭하던 차에, '안녕하세요. 사서 선생님. 제가 1학기 때 국어 수업의 일환으로서 도서관 활용 교육을 하려고 합니다. 자료를 만드는 데 몇 가지 협조 부탁드리려고요.'로 시작한 2학년 담당 국어 교사의 쪽지였다. 쪽지를 읽으며 솔직히 긴장됐지만, 협업을 원하는 교사가 있음이 한 편으로는 고마웠다. 사실 도서관 이용 교육을 신입생 때 하기는 하지만 예절교육 중심으로 하다 보니 도서분류법이 뭔지 그걸 어떻게 이용하면 좋은지에 대한 교육을 할 틈이 없어 아쉬웠는데 드디어 자세히 알려줄 기회가 생긴 셈이다.

냉큼 회신 쪽지를 썼다. '동영상이 있어요, 도서관 이용 교육을 쉽게 설명해 줍니다.'

요즘은 유튜브에 궁금한 거의 모든 정보가 친절하게 동영상으로 올라와 있다. 굳이 새로 준비하지 않아도 된다. 그리고 도서분류법에 대한 설명도 그 안에 쉽게 설명이 돼 있다. 도서분류법에 대한 프린트 자료도 몇 개를 드렸다. 동영상을 보면서 프린트 자료까지 함께 보면 잠깐만 설명해 줘도 대부분 학생은 청구기호로 책 찾는 법을 쉽게 이해할 수 있을 것이다.

원하는 책의 청구기호를 적어서 찾으면 되지만, 한 반이 모두 한 번에 이용할 검색용 컴퓨터가 없었다. 전화 통화로 추가 설명을 했고, 우리 학교 홈페이지 전자도서관 이용 방법도 알려 드렸다. 도서 목록은 어떤 것이든 대출할 수 있는 책의 청구기호를 적으면 된다고 했다.

마침내 2학년 한 반씩을 도서관으로 인솔하여 데려오셨다. 미리 도서 목록 50개의 청구기호가 적힌 메모지도 준비해 오셨다. 이것을 접어서 안 보이게 하고 학생들이 한 개씩 뽑게 하셨다. 학생을 대여섯 명씩 끊어서 청구기호 쪽지를 뽑게 하여 차근차근 진행하셨다. 학생들은 서가에서 자신이 뽑은 청구기호대로 책을 찾았다. 책을 찾으면 그 자리에 책 자리표를 꽂고 그 책을 가져가서 수업 활동지에 책 제목 등 책에 대한 열람 정보를 적은 후에 선생님께 활동지를 냈다.

학생은 열람한 책을 책 자리표가 있는 곳에 다시 꽂고, 책 자리표는 내게 돌려주었다. 수업 시간 내에 책을 찾고 필요한 정보를 열람한 후에 제자리에 꽂는 일까지 학생이 스스로 하게 하셨다. 학생 중에 청구기호대로 책을 못 찾고 헤매는 경우엔 내가 도와주었다. 마지막으로 책 자리표를 학급 번호대로 다 회수됐는지 확인하여 출석 인원과 비교하면 됐다. 먼저 활동이 끝난 학생은 만화 코너에서 원하는 책을 읽게 하셨다.

2학년 전체 여덟 반을 같은 방법으로 일주일에 걸쳐 수업하셨다. 국어 선생님은 미리 교실에서 동영상을 보여주고 분류 기호에 관해 설명하고, 2차시 수업으로 학생들을 인솔해 오셨으니, 거의 2주에 걸쳐 도서관 활용 수업을 하신 셈이다.

청구기호는 도서관에서 원하는 책의 위치를 알려주는 도서의 '주소'라고 할 수 있다. 청구기호는 마치 암호처럼 돼 있지만 알고 보면 원리는 간단하다. 한국 십진분류법에 따라 000번부터 900번까지 분류한 다음에 저자 기호와 책 제목의 첫 초성으로 이뤄져 있다.

국어 교사와 함께한 도서관 이용 교육은 청구기호에 따라 책을 찾아 활동지를 채우고, 다시 제자리에 꽂는 비교적 간단한 내용이지만, 도서관에서 직접 책을 찾아보는 활동을 함으로써 의미 있는 교육이 됐다. 더구나 국어 교사가 활동지를 수행평가로 넣어 점수화하니 학생들도 훨씬 진지하게 교육에 임했다. 부수적으로 2학년들의 연체도서를 모조리 반납받는 효과도 챙길 수 있었다.

> Tip. 한국십진분류법
>
> 한국도서관협회(KLA)가 우리나라 도서관에서 사용하기 적합하도록 개발한 대표적인 십진분류법. 1964년 5월 제1판이 발행되었다. 한국십진분류법(KDC)의 주류는 기본적으로 듀이십진분류표(DDC)가 사용하는 주류에 바탕을 두고 있으나, 언어와 문학을 근접시킨 점 등이 특징이다. 1966년 수정판을 발행하였으며, 1980년에 제3판을 발행했다. 1990년대 들어와 새로운 학문 발달 등 환경 변화를 반영할 수 있도록 세목 부분을 새롭게 전개한 제4판이 1996년 발행되었다. 2009년에 들어와 학문의 급속한 발전과 사회현상의 끊임없는 변화로 인한 새로운 정보 환경에 대처할 수 있는 새로운 항목을 신설하고, 폭발적으로 증가하는 정보량으로 학문체계나 자료조직에 문제가 있는 분류 항목을 개정하고, 이제까지 한자 중심의 본문구성을 전면적으로 수정해 한글화한 제5판이 발행되었다.
>
> 2013년에 학문의 발달에 따른 분류기호의 세분화, 불합리한 분류체계의 재배치, 용어의 현대화, 상관색인의 전면 재편성, 사용편의성을 고려한 편집체제 등 많은 부분들을 발전시켜 제6판이 발행되었다. 현재 대부분의 대출반납시스템은 제6판을 사용하고 있다.

도덕 수업을 위한 그림책 북큐레이션

큰아들이 걸음마를 시작하면서부터 초등학교 저학년 때까지는 자연스럽게 특별한 애정을 가지고 그림책을 사 모았다. 두 살 터울의 아들 둘을 위해 저녁마다 긴 그림책과 짧은 그림책을 번갈아 한 두 시간씩 열심히 읽어주기도 했다. 아이들이 어린이집에 가 있는 동안에는 그림책과 관련된 전문 서적을 찾아 읽으며 혼자 공부도 했다. 그때 도움을 받은 책이 『쿠슐라와 그림책 이야기』[24], 『그림책 - Picture Book』[25], 『아동문학 어떻게 이용할까?』[26] 등 여러 권이 있었다.

아직도 우리 집에는 그림책과 그림책 전집들이 많이 있다. 아마도 다 합치면 너끈히 1,000여 권 정도는 소장하고 있는 것 같다. 그나마도 그림책에 관심을 보이는 지인, 친척, 이웃이 있으면 선뜻 기꺼이 선물해서 200여 권 정도는 남의 손에 넘겼는데도 여전히 많이 남아있다. 두 아들이 청소년기를 잘 넘겨 스무살이 넘었는데도 무슨 미련이 남았는지 그 많은 그림책을 갖고 있다. 아마도 애들 백일 반지며 돌 반지를 돈 대신 주고 그림책 전집을 샀기에 아까워서 못 버리고 있는 건 아닌지. 내 속마음을 나도 모르겠다. 전집은 그렇다 쳐도 책장에는 존 버닝햄(John Burningham), 사라 스튜어트(Sarah Stewart)와 데이비드 스몰(David Small) 부부, 가브리엘 뱅상(Gabrielle Vincent, Monique Martin), 유리 슐레비츠(Uri Shulevitz),

---
24 도로시 버틀러, 『쿠슐라와 그림책 이야기』, 김중철 역, 보림, 2004.
25 최윤정, 『그림책 - Picture Book』, 비룡소, 2001.
26 유소영, 『아동문학 어떻게 이용할까?』, 건국대학교 출판부, 2001.

에즈라 잭 키츠(Ezra Jack Keats), 토미 웅거러(Tomi Ungerer, Jean Thomas Ungerer), 하야시 아키코(Hayashi Akiko), 케빈 행크스(Kevin Henkes)와 같은 세계적인 그림책 작가들의 책들도 여러 권 있다. 『고릴라』[27], 『야, 우리 기차에서 내려』[28], 『지각 대장 존』[29], 『우리 할아버지』[30], 『도서관』[31], 『비 오는 날』[32], 『달 사람』[33], 『눈 오는 날』[34], 『오른발 왼발』[35], 『리디아의 정원』[36], 『푸른 개』[37], 『이슬이의 첫 심부름』[38], 『우리 친구 하자』[39] 등등 셀 수도 없이 많은 그림책이 이사 다닐 때마다 큰 골칫거리였음에도 책장에 그대로 꽂혀 있다.

그 당시에는 우리나라 작가들의 그림책도 새로 나오는 족족 샀다. 이호백 화백의 『세상에서 제일 힘센 수탉』[40], 정승각 화백의 『강아지 똥』[41], 그 밖에도 정하섭 작가의 『쇠를 먹는 불가사리』[42], 이태수 화백

---

27 앤서니 브라운, 『고릴라』, 장은수 역, 비룡소, 2008.
28 존 버닝햄, 『야, 우리 기차에서 내려』, 박상희 역, 비룡소, 1995.
29 존 버닝햄, 『지각 대장 존』, 박상희 역, 비룡소, 1995.
30 존 버닝햄, 『우리할아버지』, 박상희 역, 비룡소, 1995.
31 사라 스튜어트, 『도서관』, 지혜연 역, 시공주니어, 1998.
32 유리 슬레비츠, 『비오는 날』, 강무홍 역, 시공주니어, 1998.
33 토미 웅거리, 『달 사람』, 김정하 역, 비룡소, 1996.
34 에즈라 잭 키츠, 『눈 오는 날』, 김소희 역, 비룡소, 1995.
35 토미 드 파울라, 『오른발 왼발』, 정해왕 역, 비룡소, 1999.
36 사라 스튜어트, 『리디아의 정원』, 이복희 역, 시공주니어, 1998.
37 나자, 『푸른 개』, 최정운 역, 파랑새어린이, 1998.
38 쓰쓰이 요리코, 『이슬이의 첫 심부름』, 한림출판사, 1991.
39 엔서니 브라운, 『우리 친구 하자』, 하빈영 역, 현북스, 2018.
40 이호백, 『세상에서 제일 힘센 수탉』, 재미마주, 1997.
41 권정생, 『강아지똥』, 길벗어린이, 1996.
42 정하섭, 『쇠를 먹는 불가사리』, 길벗어린이, 1999.

의 세밀화 시리즈(도토리 계절 그림책)⁴³ 등등 이름을 기억할 수 없는 작가들의 옛날이야기 그림책까지, 두 아들은 수많은 그림책을 읽고 또 읽으며 자랐다.

어느덧 애들이 크면서 차츰 그림책에 관심이 시들해질 만도 한데 큰아들은 심지어 고등학생이 돼서도 전에 읽었던 그림책을 찾아 다시 읽곤 했다. 작은아들도 마찬가지였다. 성장의 한고비를 넘을 때마다 힘들고 쉬고 싶을 때는 어려서 내가 읽어주던 책을 향수에 젖어 다시 읽곤 했다. 엄마에 대한 좋은 기억은 집 구석구석에 꽂혀 있는 그림책에도 깃들어 마음을 푸근하게 해주는 것 같았다. 게다가 그림책이 주는 메시지는 글자만으로 전해지는 게 아녔다. 그림으로써 누리는 상상과 발견의 기쁨을 다 커서도 느끼곤 했다. 불쑥 다시 보던 그림책을 가리키며 "엄마, 여기 담장에 고양이가 있었어!" 이러면서 새삼스러워했다. 그때마다 그림책에 투자한 돈과 노력이 아깝지 않았고 뿌듯한 마음이 들었다.

새로 전근해 오신 도덕 선생님이 그림책으로 수업하고 싶다고 연락하셨을 때 불현듯 그림책에 관심이 되살아났다. 그림책 북큐레이션 서가를 만들어 두길 잘했구나 싶었다. 다행히 우리 집에 소장하고 있던 좋은 그림책들이 학교에도 거의 다 있었다. 몇몇 없는 책은 이번 기회에 사야겠다 싶었다.

도덕 선생님은 인권 보호라든지 평등의 가치가 들어있거나 성폭력

---

43 윤구병, 『심심해서 그랬어』, 보리, 1997.

예방 차원의 교육을 위해 그림책을 활용하고 싶어 하셨다. 하지만 어떤 의도가 있는 그림책이라면 진정한 가치를 가진 그림책이 아니다. 스며들 듯 자연스럽게 삶의 가치를 담고 있는 책이 좋은 그림책이란 게 내 생각이다. 하지만 내 생각과 도덕 선생님이 바라는 바를 조율하려면 대화할 시간이 필요했다.

도덕 선생님은 일단은 어떤 책들이 학교에 있는지 궁금해 하셨다. 보통 초등학생용으로 생각하기 쉬운 그림책이지만 그렇지 않다는 것을 소신처럼 여기고 학생들에게 많이 읽히고 싶다고 하셨다. 어느 날은 도서관 그림책 서가에서 한참을 서서 이 책 저책을 보다가, "어머나, 보물 같은 그림책이 정말 많아요. 수업 시간에 쓰려는데 대출은 몇 권까지 돼요?"

역시나 그림책을 보는 일가견이 있는 분이었다. 명작과도 같은 좋은 그림책들을 대번에 다 꿰고 계셨다. 교수학습용 도서는 50권까지 한 학기 동안 대출된다고 했더니, 활짝 웃으셨다. 도덕 수업에 수행평가용으로 써야겠다고 했다. 수업 시간마다 골라 놓은 그림책을 갖고 다니겠다고 해서 아예 책 바구니에 골라 놓은 그림책을 담아 드렸다.

사서로 근무하며 두 아들이 대학생이 되었고, 울 학교 중학생들은 그림책을 유치한 것으로 여기는지 대출하는 학생이 거의 없었다. 나 또한 그림책의 가치에 대해 희미해졌던 때여서 관심이 예전만 못했다. 하지만 도덕 교사의 그림책 수업 덕분인지, 수행평가를 완성하려는 목적인지, 그림책을 찾는 학생이 부쩍 많아졌다. 선생님이 고른 그림책 복본을 또 한 바구니 담아 놓아서 다행이었다. 수행평가 도서로 선정해 놓으면 2~5권까지는 복본이 있어야 함을 한 번 더 느꼈다.

도덕 교사의 그림책에 대한 애정은 희망 도서를 신청할 때도 여실히 드러났다. 신간이 출시되는 대로 그림책이 입고되는 데는 이분의 도움이 컸다. 하지만 복본을 한 반 분량만큼 30권씩이나 사고 싶다고 할 때는 솔직히 난감했다.

"선생님, 같은 책을 한 반이 모두 같이 읽으면 좋겠지만, 도서 예산도 부족하고, 청소년 도서도 아니고 하니…." 말끝을 흐리자, 대번에 무슨 말 하려는지 알아듣는 듯했다.

"아! 예, 예. 무슨 말씀인지 알겠네요, 파워포인트로 한 장 한 장 보여주면서 수업할게요. 같은 책으로 몇 권만 있으면 돼요."

도서 예산을 그림책에만 집중하여 쓸 수는 없음을 충분히 이해하셨던 듯하다. 사서가 괜히 몽니 부리는 것으로 이해하지 않아서 천만다행이다. 오히려 며칠 후에 간식으로 머핀 몇 개를 싸 왔다. 취미로 집에서 직접 만들었다며, 일부러 가져오셨다. 그림책뿐만 아니라 인권 관련해서도 도서관에 와서 도서를 미리 준비해서 갖고 가서 읽게 하고, 인권 도서마다 학습지를 만들어 평가하고, 여러모로 수업에 열정이 넘쳤다. 수업용으로 쓸 도서는 항상 사서와 미리 의논해 주시니 당황할 일이 없었다. 도덕 선생님과 그림책 수업은 이분이 전근 가기 전까지 해마다 즐거운 협업이 되었다.

수련회 미참여 학생들을 위한 도서관 프로그램

행정실에 다녀오니 책상 위에 '수련회 불참 학생 출석부'라는 파란색 종이 파일이 놓여 있었다. '이게 뭐지? 왜 여기 있는 거야?' 아마도 자리를 비운 새 누군가 도서실에 놓고 간 모양이었다. 파일 주인이 찾으러 오겠지 싶어 열어보지도 않고 한쪽에 밀어 놨다.

해마다 수련회는 서울 근교의 청소년 수련장으로 2학년 학생들이 단체버스를 타고 가서 2박 3일간 공동생활을 한다. 그 기간에는 2학년만 학교에 안 오는 게 아니라, 3학년도 소규모 테마 여행이라는 콘셉트로 놀이공원이나 전시장 혹은 박물관에 가고, 1학년도 진로 체험이란 명분으로 소방서나 경찰서 등 관내 지역의 정해진 장소에 가서 그곳에서 바로 귀가하기 때문에 학교가 텅 빈다. 그렇다 보니 담임을 맡지 않은 비담임 교사들과 학교에 남아있는 교직원들은 오전에는 출근하고 오후에는 대부분 조퇴하는 분위기였다.

그런데 안 보려고 해도 힐끔힐끔 눈에 들어온 '불참'이란 말이 눈에 계속 거슬렸다. 불참이라니 '불량' 학생을 연상시켰다. 굳이 '수련회 불참 학생'이라고 명명하여 마치 행실이 불량하다는 뉘앙스를 줄 게 뭔가, '수련회 미참여 학생 출석부'라고 하면 딱 좋겠다 싶은 맘이 들 때쯤 내선 전화가 울렸다. 수련회 담당 교사가 수련회에 참석 못

하는 학생들을 이 기간에 도서실로 보내겠다고 했다. 교장 선생님의 지시라는 말을 덧붙여 아무 대꾸도 못 하게 전화를 끊을 태세였다.

"잠깐만요,"

학교에 상담실도 있고 복지실도 있고, 빈 교실도 많은 데 하필 도서실에서 3일 내내 이 학생들을 돌보라는 말로 들려서 억울한 생각이 들었다.

"작년에는 어떻게 했어요? 3일 동안에 어디에서 뭘 했는지 알 수 있나요?"

어쩜 학교 내 다른 특별실과 공조 할 수 있지 않을까 싶어서 물어보았다.

"뭐…. 딱히 기록이 없어요. 빈 교실에 있게 한 거 같긴 한데…." 말끝을 흐렸다.

수련회는 일상적인 수업 대신에 학교 밖에서 새로운 체험을 할 수 있는 기회여서 학교에서도 수업의 연장으로 여기고 학생 참여를 독려한다. 심지어 수련회비가 부담될 수도 있는 복지 대상 학생들에게는 수련회비를 전액 복지예산으로 지원하여 거의 모든 학생이 참여하도록 했다. 학교의 독려 덕분에 아홉 명 빼고는 모두 수련회에 가게 됐다.

수련회에 참석 못 하는 학생이라도 학사 일정상 '수업'이기 때문에 수련회에 안 간다고 집에 머물 수는 없다. 이 학생들은 학교 내 어느 한 교실에 모여 시간을 보내야만 출석으로 인정했다. 그런데도 상담실과 복지실 모두 손 놓고 있었고, 비담임들조차 이들을 돌봐 줄 생각은 없었는지 수련회 미참여 학생을 위한 프로그램이 딱히 없었다. 올해 새로 부임한 교장 선생님이 처음으로 수련회에 못 간 학생들을 도서관으로 보내라고 했단다. 그 기간에 책이라도 읽으면 좋지, 이렇게 단순하게 생각하셨던 것 같다.

하지만 같은 기간에 반 친구들은 수련회장에서 체력 단련과 심신수련을 빙자한 레크레이션으로 진행자들과 '놀고' 있는데 수련회에 못 간 3일 내내 도서관에서 책을 읽고 싶을까? 더구나 SNS로 시시각각 친구들의 사진이 공유되는 마당에 수련회에 못 간 학생의 소외감을 위로해주지는 못할망정 독서 하라는 허울로 도서관에서 꼼짝 못 하게 한다면 학생들은 어떤 기분이 들까? 차라리 작년처럼 빈 교실 한 곳에서 핸드폰이라도 실컷 하게 두거나 TV라도 보게 하는 게 낫지 않을까 싶었다. 게다가 사서는 무슨 죄로 3일 내내 학생 돌봄을 모조리 떠맡아야 한단 말인가? 마음이 답답했다. '3일 내내 학교 도서관에서 책만 읽히라고?' 어째서 도서관이란 말인가? 교장의 결정이 원망스러웠다.

"학생들이 도서관에 있는 동안에 임장 지도하실 교사는 있는 거죠?"

"네, 임장 교사가 번갈아 가며 학생들 출석을 확인합니다."

"저…. 애들을 위해서 간식 같은 거 줄 예산은 있어요?"

"아…. 그런 건 없는데요."

"친구들은 놀고 있는데, 간식이라도 주면 조금은 위로가 될 거 같아서요."

"음…. 그렇죠. 하지만 이번엔 책정된 게 없어요."

수련회에 다수의 학생이 움직이다 보니, 안전 문제 등 신경 쓸 게 많겠지만 못 간 학생들에 대해서도 준비된 게 있지 않을까 싶었는데 지금까지는 아무 예산도 없이 그냥 한 교실 모여 있게만 했던 것 같다. 어차피 수련회는 수익자 부담이라서 2박 3일간의 교통비, 숙박비, 식사비를 학부모들이 따로 낸다. 수련회에 가지 않는 학생은 당연히 스쿨뱅킹도 안 하니까, 이들을 위한 예산이 따로 있지 않았다.

학사일정에 엄연히 들어 있는 수련회에 참가하지 못했다면 분명한 이유가 있을 것 같아 궁금해졌다. 옆에 밀쳐 두었던 파란색 종이 파일을 이제야 들춰 보았다.

보아하니 부득이 참석할 수 없는 사정도 가지가지였다. 일단 건강상 단체생활이 불가능한 박보람이 눈에 들어왔다. 콩팥이 나빠서 신장 투석을 받고 있다는 건 이미 들어서 알고 있었다. 독서 시간에도 한 번 정도 온 이후로 못 봤다. 아마도 결석이 잦아서 유급될 수도 있는 학생이었다. 강미라도 '다리 깁스'라고 쓰여 있었다.

정영섭과 희섭, 두 형제는 도서관 행사마다 나타나는 쌍둥이 형제인데 나란히 이름이 적혀 있었다. 전에 도서관 행사에 참여 상을 두 번 타가는 줄 알고, 안 된다고 하다가 알게 된 일란성 쌍둥이들이었다. 처음엔 왜 '부모 반대'인지 이해가 안 됐지만, 복지 지원 대상이 아닌 차상위층으로 분류된 가정이라면 수련회 2박 3일간의 경비가 목돈이라 두 명을 한 번에 스쿨뱅킹 하는 게 부담스러울 수도 있고, 아마도 부모는 수학여행도 아니니까 수련회를 가벼이 여겼을 것이다.

김미광과 노수연은 '가족 돌봄'이란 이유가 생경했다. 부모 대신 돌봐주어야 할 가족이 있어서 못 간다는 얘기 같았다. 학교 수업과 마찬가지인 수련회에 못 갈 만큼 부모 대신 중학생 아이가 책임질 가족이 있는 게 갸웃했다.

나중에 알고 보니 김미광은 할아버지가 데이케어 요양센터를 다니고 계셨다. 퇴소 시간에 맞춰서 가족을 대신하여 매일 할아버지를 마중해야 한다고 했다. 노수연은 동생이 어린이집을 다니고 있는데 부모가 모두 일하기 때문에 하원 시간에 맞춰서 동생을 데리러 가야 한다는 거였다. 중학생이라도 가족을 돌봐야 한다는 상황이 있을 수 있다는 것을 이때 비로소 알게 됐다.

담임 선생님의 권유 섞인 협박에도 단순히 가기 싫어서 안 가는 학생도 있는 것 같았다. 막연히 '개인 사정'이라고 쓴 이지혜와 김준석은 수련회비 때문도 아니고, 돌볼 가족이 있어서도 아니고, 어쩜 친구들과 어울리는 게 힘든 애들일지도 모른단 생각이 들었다. 정작 상담사의 관심이 필요한 학생 같은데 어쩌자고 모조리 도서관에 모이게 하는 건지, 여전히 고구마를 먹은 듯이 마음이 불편했다.

어쨌든 수련회 못 가는 학생들을 3일 내내 도서관에 있게 하겠다는 결정이 번복될 리도 없다. 그러니까 수련회 못 간 학생들에게 작년처럼 핸드폰을 하던지, 엎어져 자던지 무작정 도서관에 있는 동안 시간만 보내게 하면 된다. 매시간 임장 교사가 입실하여 출석 체크는 할 테니까 내 책임도 아니다.

하지만 수련회에 안 가는 학생이든 못 가는 학생이든 즐거운 마음으로 수련회를 빠지는 학생은 아무도 없을 것이다. 그런데도 3일 동안 내내 도서관에서 책만 보게 한다면, 이 애들은 아무 잘못도 없이 마치 벌을 받는 기분이 들 수도 있다. 수련회 전날에 친구들이 들뜬 기분으로 밤새 잠 못 잤다면, 이들은 속상해서 혹은 현실을 회피하느라 밤새 PC 게임만 했을지도 모른다.

특히 박보람이 맘에 걸렸다. 학교 오는 자체가 힘든 급성 신장병인 학생이 하필 수련회 기간에 학교에 나오겠다는데 어렵게 등교하는 학교에서 아무 대책 없이 그냥 내버려 두다가 귀가시키는 게 학교의 소임을 다 하는 것인지 의문이 들었다. 다른 학생들도 마찬가지였다. 비록 친구들처럼 집을 떠나 '놀' 기회는 잃었지만, 학교 안에서라도 3일 동안을 재밌게 보낼 수 있다면, 소외감은 사라질 것이다.

이 상황에서 내가 할 수 있는 최선은 뭘까 생각했다. 내가 교사도 강사도 아니니 수업을 할 수는 없고, 대신 학생들과 놀아 줄 수는 있을 것 같았다.

마음을 고쳐먹으니 우선 출석부에 적힌 파일 이름부터 수정하고 싶었다. '불참' 대신에 '미참여'로 고쳐서 출석부 커버를 새로 썼다.

'수련회 미참여 학생 출석부'라고 파일명을 고쳐서 프로그램을 첨부하여 수련회 담당 교사에게 한 부 보내고 내년에는 이 학생들을 위한 예산이 책정되도록 부서장과 의논해야겠다고 마음먹었다.

수련회 미참여 학생을 위한 도서관 프로그램으로는 영화 보기를 먼저 떠올렸다. 하지만 3일 내내 영화만 보다 귀가하는 것도 지나치다는 생각이 들었다. 영화 보기를 포함하여 재밌으면서도 비용이 안 드는 활동으로서 도서관에서 보유한 자산을 활용할 수 있으면 더 좋겠다. 그래서 읽기 자원으로는 독서에 부담 없고 재밌는 웹툰 만화책을 활용하기로 하고, 간단한 종이접기를 활용하여 놀이 프로그램을 넣고, 연속간행물 과월호 모아둔 것을 이용하여 신문 만들기를 골자로 하여 3일간 오전 4시간씩을 도서관에서 보낼 수 있는 계획서를 작성했다.

비록 단순한 프로그램이지만 수학여행이나 수련회에 불참한 학생들이 소외감 없이 재밌는 시간을 보냈으면 하는 바람이 들었다. 문제는 오전 출석 시간이 끝나는 즈음에는 누구나 배고파할 늦은 점심시간이라는 게 마음에 걸렸다.

간식이라도 주면 좋겠는데 올해는 예산이 없다니 어떡해야 할지 고민스러웠다. 마침 도서관 행사를 위해 준비했던 초코바가 넉넉히 있었다. 초코바만으로는 허기가 채워질 것 같지 않지만, 이거라도 간식으로 줘야겠다고 생각했다. 그때 번쩍 부활절 달걀이 생각났다. 엉뚱하지만 삶은 달걀을 주면 훨씬 든든할 것 같았다.

드디어 수련회가 있는 날이다. 운동장이 시끌시끌했다. 학생들이 반별로 줄 서 있었고, 정각 8시 50분에 단체 버스로 학생들이 이동했다, 2학년 학생들이 운동장을 모두 빠져나가자 학교가 다시 조용해졌다. 이어서 한 명씩, 수련회 미참여 학생들이 도서관 문을 열고 들어왔다. 우선 들어오는 대로 눈인사를 나누고 핸드폰은 입구에 있는 바구니에 무음으로 놔두고 들어가라고 했다. 출석 확인 차, 임장 교사분도 오셨다.

"얘들아, 도서실에 왔으니까 책을 봐야겠지만, 오늘은 영화를 한 편 준비했어. 만화영화란다."

내 말을 듣자마자 학생들 얼굴이 조금 밝아졌다.

"도서실에서 책만 보라고 할 줄 알았어요."

"영화도 귀찮고, 그냥 자면 안 돼요?"

"잠은 집에서 자야지."

「너의 이름은」[44]이라는 애니메이션이 시작하자 개기던 녀석들도 조용해지고 만지작거리던 책도 덮어놓고 집중하기 시작했다. 그때 어두운 도서실에 낯선 듯 두리번거리며 박보람이 들어 왔다. 신장병 때문에 수련회는 못 가도 출석 일수를 채우고 싶어서 온 것이다.

"이제 왔어? 어서 와, 여기 앉아…."

아무 말도 안 하고 박보람은 만화영화를 보기 시작했다.

---

44 「너의 이름은」, 신카이 마코토 감독(카와무라 겐키, 노리타카 카와구치, 타케이 카즈히러, 이토 코이치로 제작, 2017), 106분.

소원 적은 종이비행기에 절절한 사연이 담겨

영화의 중간쯤에 상영을 중지하고 잠시 휴식 시간을 주었다. 나머지는 내일 보여주겠다고 했다. 그리고는 색깔이 모두 다른 A4 종이 반장을 한 장씩 선택하게 했다. 영화중에 인상적인 장면을 글로 몇 마디 쓰라고 했다. 그 종이를 비행기로 접어서 날리게 하였다. 자기가 선택한 색깔의 종이비행기가 도서관 책장 위를 날았다.

다시 반대편으로 또 날리라고 했다. 몇 개는 서가 책장 맨 위에 떨어졌지만, 도서관용 사다리를 놓고 올라가 찾아서 다시 날리게 했다. 어둡던 학생들 표정이 완전히 달라졌다. 학교에 자주 결석하는 보람이의 웃는 얼굴도 볼 수 있었다.

"호호호." "하하하." "킬킬킬."

영화를 보며 쳐졌던 분위기가 순식간에 살아났다. 도서관이 시끌벅적 웃음소리로 가득했다. 이번에는 종이비행기를 나에게 날리라고 했다. 학생들이 나를 맞히려고 안간힘을 다해서 종이비행기를 날렸다. 하지만 맘처럼 안 되고 심지어 제자리로 돌아가는 것도 있었다. 설령 내가 맞아도 하나도 아프지 않았다. 그냥 얘들이 소리치며 재밌으면 됐다. 그중에 한 개씩을 집어서 읽어주었다. 정말 짧게들 썼다, '재밌다.' 정도가 전부였다.

다시 A4 종이 반장씩을 더 주고 이번에는 소원을 써서 접어 날리자고 했다. 소원 쓸 시간은 딱 10분만 준다고 했다. 그런데도 혼자 보기 아까운 사연이 종이비행기 가득 쓰여 있었다. 학생들의 진지한 소원이 정말 이뤄지길 바라며 여기에 옮겨 본다.

어머니가 행복하시고 다친 곳 없이 건강하여 부디 늙어서도 몸 불편한 곳이 없었으면 좋겠습니다. 우리 가족 중에 작은 이모가 계신 데…. 지금 작은 이모가 척추가 굳어 허리도 못 펴고 목도 굳어서 가만히 서 있어도 아프십니다. 제발 우리 어머니는 아픈 곳이 없고, 이모도 건강하게, 우리 가족 화목하게 지냈으면 좋겠습니다. - 강미라

아빠를 위해 소원을 빈다. 왜냐하면 남들과 다르게 밤에 출근하고 아침에 집으로 퇴근하는 힘든 일을 하시기 때문에 우리 아빠가 건강하고 다치지 않고 일을 마쳤으면 하는 바람이다. 나는 비록 2학년 시험 결과가 잘 나오지는 않았지만, 2학기부터 잘하면 되지!! 내 소원이 이루어진다면 전교 1등을 해서 친구들과 선생님 부모님께 인정받고 싶다. - 정영섭

엄마가 건강해지게 해주세요. 저번 달부터 다리가 아프다던 엄마가 요즘에는 천식이 도져서 천식약을 드시고 목감기에 걸린 상태로 다리가 아프셨던 게 발목도 삐셔서 더 힘든 우리 엄마. 아무리 몸이 아파도 병원에 입원하거나 집에서 속 편히 쉬지도 못하고 돌아다녀야 하는 우리 엄마가 건강하셨으면 좋겠어요. 나는 내신을 올려 원하는 고등학교에 갔으면 좋겠어요. - 정희섭

할머니를 위한 소원이다. 앞으로 건강하고 행복하게 사는 소원이다. 우리 할머니는 어린 나이로 그 당시 결혼을 해서 아이를 낳았다. 그리고 40대에 손주가 생겨서 할머니라는 칭호가 붙었다. 할머니는 자식 다섯 명을 키우시고 손주인 저까지 힘들게 키워주셨다. 그 뒤로 할아버지가 점점 몸이 아파졌고 병원에 자주 입원했다. 밤낮없이 할아버지를 돌봐드리면서 일도 하시고 교회에 나가 가족을 위해 기도하셨다. 이렇게 많이 고생하신 할머니를 돕고 싶다. - 김미광

나의 첫 번째 소원은 부모님이 건강하셨으면 좋겠다. 아빠는 요새 몸이 매우 피곤하시다고 하고, 몸을 움직여야 해서 침도 맞으신다. 아빠랑 같은 일을 하는 엄마는 일도 힘들어서 침도 맞으시고, 커피 믹스를 많이 드시다 보니 당뇨병까지 와서 약을 드십니다. 일도 많이 힘들고 늦게까지 일하는데 몸까지 힘드니까 더 힘이 드실 것 같아서입니다. 나는 집중력이 많아지고 교과서 읽는 것이 재밌어지면 좋겠다. 1학기 중간고사 때 열심히 해서 등수를 많이 올렸지만, 기말고사 때는 책상에 앉아 휴대전화만 하다 보니 시험 범위 과목들이 너무 힘들어지기 시작했다. 3학년 때에는 공부도 착실히 해서 수업 시간에 졸지 않고! 등수는 높지만, 공부만 하는 애가 아닌 친구들과도 즐겁게 노는 그런 애가 되었으면 좋겠다. - 이지혜

먼저 소원을 빌기 전에 부모님께 감사하고 항상 죄송하다는 말씀을 드리고 싶습니다. 집에서든 직장에서든 저를 위해 남들보다 두 배 세배 악착같이 일하시면서 고생이 너무 많으십니다. 그런데도 좀처럼 싸우지 않으시

고 화목한 모습을 보여주기 위해 노력해주셔서 감사합니다. 부모님의 마음고생과 스트레스가 내년에는 반으로 줄어들면 좋겠습니다. 저를 위한 소원은 저 자신을 찾는 것입니다. 요즘도 너무 게으르고 아무 동기도 없고 그냥 숨 쉬는 것뿐이지 살아가는 것 같지 않아요. 해야 할 일은 많은데 텅 빈 것 같고 내년에는 건강해지고 성공을 이뤄낸 제 모습을 보고 싶어요.
- 박보람

나의 남동생이 꼭 유명한 요리사가 되었으면 좋겠다. 남동생이 요리를 좋아하고 먹는 것을 가장 좋아하는 것 같기 때문이다. 또 내가 남동생에게 남자가 무슨 요리사냐고 무시해서 미안했기 때문에 응원해 주고 싶다. 또 동생이 행복했으면 좋겠다. 지금 하고 싶은 것을 찾지 못했지만 나중에 꼭 내가 하고 싶은 일을 하게 되었으면 좋겠다. 우리 가족이 모두 건강하면 좋겠다. 건강이 곧 행복이기 때문이다.
- 노수연

　　짧은 시간에 쓴 소원치고는 너무나 솔직해서 깜짝 놀랐다. 오늘 아침에 한 시간이나 더 빨리 일어나서 달걀을 잔뜩 삶아서 안 깨진 것만 가져온 수고가 하나도 힘들지 않았다, 커다란 초코바 한 개와 삶은 달걀 두 개씩을 간식으로 애들에게 나눠주며, 내일은 영화 다 보고 나서 예쁜 책 만들기를 할 것이라고 예고하는 것도 잊지 않았다.

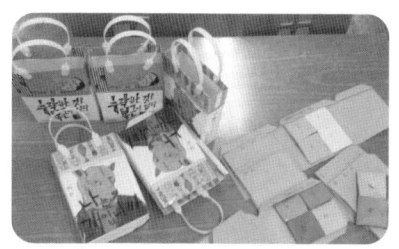 

종이가방 만들기 / 종이로 만든 책 / 동서남북 책 만들기

다음날에도 출석 확인하러 임장 교사가 들어왔고, 출석 확인이 끝나자마자 어제 보여줬던 애니메이션 「너의 이름은」을 상영했다. 영화가 끝나자 오늘도 종이비행기를 접느냐며 학생들이 먼저 물어보았다.

"음, 오늘은 종이를 접어서 예쁜 책 만들기를 할 겁니다."

색종이를 나눠주고는 4개를 접어서 동서남북으로 사방에 붙이고 접게 했다. 둘째 날의 마무리도 간식을 주며 귀가시켰다. 어제에 이어서 오늘도 새벽에 일어나서 달걀을 삶으려고 했는데 습관적으로 일어나는 바람에 삶은 달걀을 준비 못 하고 초코바만 주었다.

"오늘은 달걀 없어요?"

정씨 쌍둥이 형제가 당연히 받을 걸, 못 받는 투로 물어보는데 할 말이 없었다.

"삶은 달걀을 좋아하는구나? 어쩌냐 예산이 없단다."

더 길게 얘기할 일도 아니라서 간단히 말을 줄였다.

"아…. 네."(벅벅 머리 긁음)

수련회 기간 세 번째 날에는 독서신문 만들기를 했다. 전지 반 크기의 색상지를 한 장씩 나눠 주고 연속간행물 과월호를 내놓았다. 맨 위에 신문 제목을 쓰게 하고, 가위로 관심 있는 사진을 오려 붙이고, 사인펜으로 사진을 고른 이유를 그 아래 쓰게 했다. 간단한 신문 만들기가 끝나고, 사계절 출판사에 신청하면 무료로 나눠주는 책 표지를 이용한 책가방 키트를 꺼냈다. 이렇게 요긴하게 쓸 줄이야. 종이로 만든 것들은 모두 도서관 한쪽에 전시하겠다고 했다. 모두 열심히 오리고 붙이고 애쓰는 모습이 보기 좋았다.

얼굴빛이 까맣고 눈 아래 다크서클이 완연한 박보람은 다른 애들보다도 더 열심히 했다.

"박보람아, 몸 상태는 괜찮아?" "네…."

"힘들면 보건실에 가서 쉬어도 되니까 언제든 말해."

"아니에요. 저…. 정말 괜찮아요."(토끼 눈처럼 눈이 빨개졌다.)

분명히 웃는 얼굴이었는데 이상하게도 울 것처럼 보였다.

"선생님 영화랑 비행기랑 다 재밌고, 음…. 삶은 달걀도 맛났어요"

"그래그래. 다행이다"

새벽부터 집에서 제일 커다란 냄비를 꺼내서 달걀 수십 개를 삶는 걸 보고, 이 많은 달걀을 누가 다 먹냐고 놀라던 남편을 뒤로하고, 오늘은 삶은 달걀을 챙겨 오길 잘했다 싶었다. 학생들에게 달걀에 초코바를 같이 주면서 도서관 특별 프로그램을 끝냈다.

며칠 뒤 박보람과 같은 반 애들이 독서수업 하러 도서실에 왔다. 역시나 보람이가 보이지 않았다. 그러다 거의 한 학기가 끝날 즈음에야 박보람은 투석 치료가 수월한 병원 근처로 이사 갔다는 말을 들었다. 신장 이식을 하기 전까지는 투석밖에 치료법이 없는 보람이 언젠가는 건강해지길…. 진심으로 기원했다.

제4장

북적북적 도서관 행사 노하우

▌용띠 사서 다이어리 _____

도서관 행사의 성공 비결은 커다란 '초코바'

"언제 초코바 행사해요??" 도서관에 들어오자 밑도 끝도 없이 묻는 학생이 벌써 여러 명이다. 이번 달 도서관 행사는 언제 하느냐고 묻는 말인데 '도서관 행사'도 아니고 그냥 '초코바 행사'란다. 4월부터 매달 15일을 전후하여 5~6일간 도서관 행사를 하니 기다려지나 보다. 아니 초코바 간식이 기다려지는 것일 수도 있다. 어쨌든 도서관 행사를 하면 평소 도서관에 자주 오는 학생뿐만 아니라 행사 때문에 오로지 커다란 초코바 받을 생각으로 도서관을 찾는 낯선 얼굴을 만날 수 있다.

학교 도서관을 북적북적, 마치 도떼기시장처럼 학생들로 붐비게 하는 행사 노하우는 참여 상으로 주는 커다란 초코바에 있다. 초등학생 같으면 사탕 한 개 정도만 줘도 참여 학생이 늘겠지만, 중학생들은 이 정도로는 충분한 호응을 얻을 수 없다. 적어도 커다란 초코바 1개 정도는 줘야 호응을 유도할 수 있다. 그걸 알기에 도서관 행사를 준비하기 전에 초코바를 충분히 준비해둬야 마음이 든든하다. 학생들로 바글바글, 북적북적. 행사하는 동안 도서관은 북새통이 되더라도 말이다.

도서관 행사를 자주 하고 싶어도 사용할 예산이 부족하다. 예산 여건에 맞춰 특색 있는 행사와 전시를, 활동 중심의 이벤트와 전시회를 적절히 섞어서 하고 있다. 무엇보다도 중요한 행사를 미리 정해놓은 도서관 연간 행사 계획은 다음 해의 도서관 운영비를 책정하는 근거가 된다. 학생들도 미리 정해놓은 연간 도서관 행사 덕분에 지루할 틈이 없다. 왜냐하면 1년마다 한 번씩 해보는 행사라서 기억이 가물가물하니까. 도서관 행사에 익숙해지면 졸업반 3학년이다. 세 학년 중에 도서관 행사에 제일 무심한 3학년이 우리 학교는 1학년 못지않게 많이 참여한다. 아마도 특색 있는 도서관 행사를 해마다 반복하기 때문인 것 같다.

홍보도 중요한데 각 학급에 행사 안내지를 붙여서 전교생에게 알린다. 간단하게 행사명, 기간, 참여 시간, 참여 상을 명시하는 데 아예 포스터를 만들어 학교 곳곳에 붙이기도 한다. 각 학급에 도서관 행사 안내지를 게시할 때는 학년별로 적어도 하루 이상의 간격으로 붙여야 한꺼번에 학생이 몰리지 않는다. 행사 하루 전에 1학년부터 붙이고, 행사 도중에 2학년, 3학년을 붙이면 행사 참여 학생을 5~6일간 분산시킬 수 있다. 행사는 점심시간과 방과 후에 참여할 수 있다. 따라서 한정된 시간에 신속하게 참여하도록 준비한다.

행사를 진행하다 보면 활동지를 먼저 완성한 학생이 선심을 쓰듯 친구들에게 보여줘서 서로 돌려가며 베껴 내는 문제가 있다. 하지만 조금이라도 고쳐서 자기만의 답을 쓰면 문제없다. 누구나 쉽게 참여할 수 있는 게 도서관 행사의 묘미라 생각하고 '평가'하는 대신에 '성실한 참여'인지 아닌지만 판단하고 있다.

또 행사 기간에 학생은 한 번밖에 참여할 수 없다. 학생의 참여 여부를 확인하기 위해서 참여 상 받은 학생은 명렬표에 적어 가면서 활동지를 접수한다. 무엇보다도 연체 도서가 있는지 꼭 확인한다. 행사하는 동안 학교 도서를 연체 중이면 도서관 행사 참여 상을 주지 않았다. 커다란 초코바를 못 받는 불이익을 주니, 도서관 행사 덕분에 연체자도 줄일 수 있었다.

간혹 친구 이름을 도용하여 대리 참여하면 아예 그 학년이 끝날 때까지 대출 금지이다. 이름 도용은 사소해 보여도 나쁜 버릇이 들 염려가 있어서 절대 허락하지 않는다. 반드시 본인이 와서 직접 활동지를 써내야 참여 상으로 인정한다.

도서관 행사 이모저모

4월의 도서관 행사 포스터의 예

'세계 책과 저작권의 날'인 4월 23일을 기념하는 도서관 주간이 있는 4월은 특별한 달이다. 개학 후 관심 밖으로 밀렸을 학교 도서관을 둘러보게 하는 효과를 내려고 '도서관에서 보물찾기'라는 행사를 한다. 본인이 스스로 책을 고르고 그 책이 왜 보물인지를 5~7줄 정도 쓸 수 있는 활동지를 준다.

학기마다 적어도 1회 이상은 신간 도서가 들어와 서가 배치를 마치면 5월 혹은 11월이 된다. 이때 신간이 어디에 어떻게 배가 됐는지를 알리면서 동시에 어떤 책들이 있는지를 알리기 위해서 행사를 준비한다.

5월의 행사 '책 제목 바꾸기'는 신간 서가에 가서 스스로 책 한 권을 고른 다음에 책 제목을 보며 왜 작가는 이런 제목을 썼는지, 만약 다른 책 제목으로 바꾼다면 어떻게 할지를 활동지에 써서 낸다. 11월의 '책 제목으로 5행시'는 책 제목으로 다섯 글자의 5행시를 써서 낸다. 책 제목 바꾸기와 책 제목으로 5행시 모두 학생들의 실력을 평가하기 위해서 도서관 행사를 하는 게 아니므로 쓰는 내용이 너무 성의 없는 것만 다시 해오라고 하고 기본적으로 내용을 평가하진 않는다.

호국 보훈의 달 6월에는 일제강점기에 나라를 되찾기 위해 순국한 애국지사와 6.25 한국전쟁에 나라를 위해 순국한 분들을 떠올리고, 평화를 기원하는 마음으로 감사 편지 쓰기를 한다. 책과 관련된 도서관 행사는 아니지만, 우리나라의 아픈 역사를 되새기며 잠시 숙연한 시간을 갖는 것도 좋을 듯싶어 기획했다.

독서퀴즈용 책과 활동지

독서퀴즈도 재미있게 참여할 수 있는 이벤트이다. 독서퀴즈의 대상이 되는 책을 읽어야 독서퀴즈를 풀 수 있다는 고정관념을 버리고, 거꾸로 퀴즈 문제를 읽고, 행사 대상이 되는 도서에서 퀴즈의 답을 찾는 것이라면, 쉽게 독서퀴즈에 참여할 수 있다.

독서퀴즈의 대상이 되는 책은 인문학으로는 『거꾸로 생각해 봐 세상이 많이 달라 보일 것으로』[45], 환경 분야 책에서는 『지구촌 환경 이야기』[46], 외국 고전으로는 시튼 동물기인 『아름답고 슬픈 야생동물 이야기』[47]와 『어린 왕자』[48], 국내 고전으로는 홍길동전을 중고생들이 이해하기 쉽게 풀어쓴 『춤추는 소매 바람을 따라 휘날리니』[49], 동화책 중에 『별똥별』[50]도 한 권 넣어서 총 6권의 행사 도서를 선정했다. 이 책들은 학교에 적어도 7~8권씩 복본이 있는 책으로 선정한다.

---

45 홍세화, 우석훈, 강수돌, 강양구, 우석균, 이상대, 김수연, 박기범 공저, 『거꾸로 생각해 봐 세상이 많이 달라 보일 것으로』, 낮은 산, 2008.
46 최열, 『지구촌 환경 이야기』, 청년사, 2014.
47 어니스트 시튼, 『아름답고 슬픈 야생동물 이야기』, 장석봉 역, 푸른숲주니어, 2006년.
48 생텍쥐페리, 『어린 왕자』, 김화영 역, 문학동네, 2014.
49 류수열, 『춤추는 소매 바람을 따라 휘날리니』, 나라말, 2012.
50 권정생, 『별똥별』, 창비, 2013.

역사퀴즈용 책과 활동지

 역사퀴즈는 역사 만화책 5종과 일반 한국사 책 1종을 선정하여, 총 6종 6권의 책 안에서 역사 퀴즈의 답을 찾는 형식은 마찬가지다. 『초등학생을 위한 맨 처음 한국사』[51] 세트와, 『한국사 편지 5』[52]를 역사 퀴즈 행사 도서로 선정했다.

 독서퀴즈나 역사 퀴즈 행사하기 전에 사서는 각각의 책에서 8~10 개의 퀴즈를 뽑아 독서퀴즈와 역사 퀴즈 활동지 여섯 개를 만든다. 여기서 중요한 것은 퀴즈가 시험 보기 위한 게 아니라는 점이다. 따라서 활동지의 퀴즈 문제는 쉬워야 한다. 학생들이 행사 도서 안에서 금방 답을 찾을 수 있게 페이지를 써 주거나, 몇 장을 참고하라는 힌트를 넣어서 만든다. 행사에 참여하는 학생은 독서퀴즈나 역사 퀴즈나 행사 참여 방식은 똑같다. 여섯 권 중에 한 권을 선택하고 활동지를 가져가서 선택한 책을 보면서 책 안에서 답을 찾아 쓴다.

---

51 전국역사교사모임, 『초등학생을 위한 맨처음 한국사』 세트, 휴먼어린이, 2015.
52 박은봉, 『한국사 편지 5』, 책과함께어린이, 2009.

 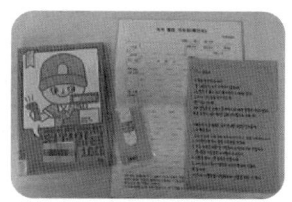

이번에 소개할 행사는 '블라인드 북'이다. 학생이 읽으면 좋은 책을 미리 소포장하여 마치 크리스마스 선물 꾸러미처럼 준비해 놓는다. 이렇게 포장된 블라인드 도서를 대출하여서 그 책을 읽고 독후활동지를 작성하여 제출하면 선물을 준다. 블라인드 도서는 주로 신간 위주로 학년별 수준에 맞는 도서로 선정한다. 행사 후 독서 활동지는 교과 선생님께 전달하여 생활기록부 독서 기록에 등재될 수 있게 한다. 행사 기간은 3주 정도, 학년별로 30권을 준비했다. 학생들 반응은 아주 좋아서 아예 상시로 하자는 의견이 나올 정도였다. 평소에는 스스로 고르지 않을 것 같은 책이지만 도서관 행사를 통해 읽게 됐고, 선물도 받고, 생활기록부에도 등재돼서 더 좋아하는 듯하다.

'블라인드 북' 도서관 행사 포스터

봄에는 삽화 전시를 위한 만화 일러스트 공모전을 연다. 주제는 도서관 책 표지 다시 그리기, 도서관 이미지 그리기, 읽은 책 내용 삽화로 표현하기 등등 학생들이 일러스트를 그려 제출하는 대회이다. 그림에 관심 있는 학생들이 많아서 호응이 좋다.

가을에는 도서관 축제 기간이 있다. 이 기간에는 원화 액자 전시 혹은 만화가 열전이라 하여 만화 캐릭터 전시를 한다. 사계절 출판사 등 원화 액자를 대여해 주는 출판사에 매년 초 신청해서 전시회를 연다. 도서관 축제 기간에 맞춰 신청해서 전시한다. 도서관 축제 기간에는 연체 학생이라도 책을 반납하기로 약속하고 미리 막대 사탕을 주는 '달콤한 사탕의 날' 행사를 한다.

제5장

슬기로운 도서관 생활을 위한 ABC

❙ 용띠 사서 다이어리 _____

신입생 이용 교육은 예절교육이 되어야!

도서관에 착한 학생과 교사만 온다면 사서는 천국을 지키는 천사가 되면 그만 일 것이다. 그러나 현실은 그렇지 않다. 학교 도서관을 공공의 장소로 인식하지 않는 버릇없는 학생에게도 개방돼 있다. 무례한 학생이든 착한 학생이든 함께 이용하는 학교 도서관이 되기 위해서는 무엇보다도 학교 도서관의 기본을 제대로 세우는 게 중요하다.

이런 점에서 신입생을 위한 도서관 이용 교육은 필수적이다. 학교마다 사정에 따라 다르겠지만 방송으로 하기 위해서 영상을 준비하기도 하고, 국어 독서 시간 등 교과 시간을 활용해서 한 반씩 하기도 한다. 어떤 방법이든 기존의 이용자 교육은 한국십진분류표(KDC)[53]를 이해시키고, 도서관의 역할과 기능을 알리는 내용에 치중되어 있었다. 나도 예외 없이 도서관의 책이 어떻게 분류되어 있는지 지도하는 것이 이용자 교육의 중요한 내용이라고 생각했다.

하지만 당연한 도서관 예절이 어떤 학생들에게는 당연하지 않은 경우가 종종 있다. 서가에서 과자를 먹는다든지, 급식으로 나온 과일 껍질을 도서관 책상에 버리고 가기도 한다. 진흙이 잔뜩 묻은 신발로 저벅저벅 들어오는 등 무례한 행동은 말할 것도 없다. 더구나 상식이라 할 만한 도서 반납조차 아무 생각 없이 연체하기 일쑤다. 아예 책 반납을 안 하고 졸업할 때까지 버티려는 학생도 있다. 도서를 번번이

---

53 한국십진분류법은 국내 도서관에서 사용하는 대표적인 분류법으로 책을 쉽게 찾을 수 있도록 도와준다.

연체하는 학생도 많다.

　이런 일을 미리 방지하려면 학교 도서관 이용 교육의 중심은 예절 교육이 되어야 한다. 특히 1학년 때에 도서관 예절을 제대로 가르쳐 놔야 도서관을 떠드는 곳으로 여기지 않으면서 책과 친해질 수 있다. 예전에 중심을 두었던 도서분류법과 체계에 대한 설명은 프린트를 미리 나눠줘도 된다. 대신 도서 연체 없이 열심히 대출해서 책 읽으면 문화상품권을 주는 다독상의 기준이라든지 독서동아리 '도서반' 신청 기간, 또 도서관 행사와 관련된 공지 사항과 함께 우리 도서관만의 운영 방식과 공공도서관과의 차이점, 도서 봉사를 통해 얻는 혜택 등을 알려야 한다.

　그런데도 일부 학생이지만 지나치게 떠들고 장난치는 녀석들이 있다. 개인적으로 도서관이 반드시 조용해야 할 필요는 없다고 본다. 음악을 틀어놓고 음료도 팔고 북 카페처럼 운영하는 도서관도 있는 추세에 학교 도서관이라고 해서 반드시 절간처럼 조용할 필요는 없다. 하지만 다른 학생에게 방해가 될 지경인데도 묵인하면 안 된다. 대게 중간고사 혹은 기말고사 직전이 가장 심각한 것 같다. 아마도 시험에 대한 강박과 교실에서 억압된 마음이 도서관에 와서는 풀어져서 그런가 싶다. 어떻게 하면 학생들에게 일일이 잔소리를 퍼붓지 않고 이런 문제를 해결할지 참으로 고민스러울 때가 많다. 아예 무시해 버릴까 싶다가도 훈육 없이 교육할 수 있을까 싶어 버릇없는 학생의 이름과 문제점을 조목조목 적어서 안전생활부에 알렸다. 교사에게 일임해서 학생과 학부모에게 경고하고, 반성할 기회를 주도록 조치시킨 후부터는 무례한 도서관 이용자가 확 줄었다.

도서대출증 없어도 대출, 학생을 믿어

신입생 예비소집일이 2월에 셋째 주에 있기에 개학하기도 전에 학생 명렬표가 거의 확정된다. 하지만 전입생과 출석 일수 부족으로 다시 수업을 듣는 유예생 등 첫 주에 학생 이동이 많기에 재학생 진급 처리는 보통 둘째 주에 하라고 권유하지만, 업무가 익숙해지고 나서부터는 한 번 더 수정할 각오를 하고 첫 주에 진급처리를 하고 있다. 진급처리와 신입생 등록이 독서교육종합지원시스템(DLS)에 제대로 업로드 돼야 도서대출증 파일이 완성된다. 이 파일을 학생증 담당 교사에게 전송하면 학생증과 도서대출증의 기능을 합친 '학생 ID 카드'가 완성된다. 이때 제일 중요한 것은 학생들에게 개인정보 이용 동의서를 받는 것이다. 학교에서는 성적관리 등 개인정보 이용 동의서를 받아야 할 게 여러 개 있으므로 DLS 정보 이용 동의서도 이 항목에 넣어서 한 번에 받는 게 좋다.

그런데 요즘은 아예 학생 ID 카드가 없어도 도서 대출을 해주고 있다. 학생이 도서관에서 갑자기 대출하고 싶은 책이 있을 때 학생 이름과 학번으로 본인 확인을 마치고 바로 대출해 주고 있다. 이용자 처지에서 편리하게 대출 규제를 완화했다. 경험적으로 보면 학생 이용자가 남의 학교에 와서 우리 학교 학생인 척 도서를 대출하진 못한다. 학생이라면 이름표가 달린 교복, 체육복, 생활복 중에 하나를 입고 있기 때문이다. 학교 도서관은 공공도서관과는 달리 이용자의 범위가 한정돼 있어서 이름만 대면 책을 빌려줄 수 있다. 다만 관행이나 습관을 버리고 학생을 전적으로 믿어야 하는 문제가 남아있다.

과감하게 학생 ID 카드 또는 도서대출증을 보여줘야 대출했던 관행을 버리고, 도서 대출을 원하는 학생은 누구나 이름과 학번을 말하면 해주는 것으로 도서관 이용규칙을 바꿨다. 학생들을 믿기로 했다. 사실 교사의 도서 대출은 모두 이름만 말하면 해주고 있으니 학생이라고 못 해줄 것도 아니었다. 믿기만 하면 얼마든지 가능한 일이었다. 신기한 것은 도서 대출 관행을 바꾼 이후에도 양심 불량 학생은 거의 없었다는 점이다. 역시 학생들은 믿는 만큼 큰다.

아침 독서를 위한 시간

우리 학교는 오전 8:35~8:50까지 전교생 아침 독서 시간이다. 15분간 전교생이 함께 독서 시간을 갖는다. 각 반 담임은 오전 8:35 이전에 교실에 입실하여 출결을 확인하고, 8:50까지는 조례 겸 아침 독서 시간을 갖는다. 담임 선생님에 따라서 아침 독서를 하는 반도 있지만 그렇지 않은 반도 있어서 전교생이 다 같이 아침 독서를 한다고 말하긴 어렵다. 하지만 교장의 의지가 강할 때는 교직원 회의에서도 언급하기 때문에 대게 15분 정도 모든 학생이 책을 읽는 시간을 갖는 편이다.

　이미 알려진 바와 같이 아침 독서는 지식을 충전하기 위한 방법이 아니다. 자고 일어난 뇌를 깨워 학습하기 좋은 상태로 준비해 주는 역할을 하는 것이다. 따라서 아침 독서는 본격적으로 1교시를 시작하기보다 약 15분 정도 책을 읽으면서 학습을 위한 진지한 분위기를 만드는 것으로 충분하다. 아침 독서의 효과는 수업 집중력을 올려 주고 기억력을 높여준다고 보고되었다. 여기에 더하여 아침 독서가 독서 습관을 들이는 데 중요한 역할을 한다. 1교시 시작 전에 15분씩이라도 함께 읽고, 스스로 선택한 책을 읽으며, 부담 없이 매일 하는 아침 독서가 알게 모르게 학생에게 독서 습관이 몸에 배게 한다는 것이다. 게다가 아침 독서 시간에 읽고 싶은 책이 자기 차례가 못되면 도서관에서 대출해서라도 읽고 싶어 해서 도서 대출 건수는 덩달아 느다.

　학급 도서를 지원할 때 도서 분실에 너무 얽매이지 않도록 한다. 지난 4년 동안 지켜보니 학급 도서의 분실이 심각할 정도는 아니었다. 다만 세 가지 원칙을 지키도록 담임교사와 도서 봉사 학생에게 알리고 있다. 첫째 학급 도서를 집에 가져가지 않기. 도서관에서 대출한 책은 반납해야 한다는 의무가 머리에 남지만, 학급 도서에서 가져간 책은 반납에 대한 의무감이 상대적으로 적어서 분실하기 쉽다. 둘째 한 사람이 한 책을 오래도록 독점하지 않기. 즉 책 돌려보기의 원칙은 학급에서 정하기 나름이지만 적어도 2주에 한 번은 책을 바꿔 보도록 권장한다. 셋째 매일 책 바구니 정리하기. 평소 도서 봉사 학생은 아침 독서 시간이 끝나면 매번 책 상자 안을 살피고, 책을 가지런히 정리한다. 수량을 파악하고, 파손 도서는 없는지 살펴보도록 한다.

일부 학교는 책을 좋아하는 학생에게만 아침 독서의 기회를 주는 형태로 운영하는 예도 있다. 아침 독서를 위해서 0교시(8:05~8:30)를 운영하는 경우인데 0교시를 운영하면 학생의 등교 시간이 너무 이르다. 0교시는 아침 식사는 물론이고 잠도 부족하게 해 청소년기의 성장을 방해한다. 더구나 책을 좋아하는 신청자에만 아침 독서를 지원하는 것은 아침 독서의 기본 취지를 잘 모르고 독서를 학습의 하나로 여기는 까닭에 오히려 독서 습관을 들이기는커녕 실패할 확률이 더 높다.

새벽같이 일어나 아침도 못 먹고 허둥지둥 학교에 와서 아침 독서를 해야 하는 학생들은 독서로 인한 보람보다도 고달픔을 먼저 맛보게 된다. 따라서 계속 지속하기 어렵다. 한 학기 단위로 신청자를 받아보면 연속하여 1년 이상 하는 학생이 거의 없고, 한 주 정도 지나면 결석자가 속출하는 것만 봐도 알 수 있다. 우리의 어릴 때를 생각해 보라. 아침에 5분, 10분 더 자는 게 그렇게 소중했다.

아침 독서의 장점을 살리면서 현실적인 시간을 잡아내다 보니, 담임 선생님의 조례시간을 활용하게 됐다. 사서는 아침 독서를 지원하기 위해서 각 학급에 학급 도서를 구성하여 제공한다. 학급별 도서 목록은 각각 출력하여 담임에게 알려줄 수도 있지만 총 수량만 분명히 알리는 게 관리 차원에서는 쉽다. 3월과 8월에 책 상자에 학급 도서를 담아 배포하고, 여름방학 전과 겨울방학 전에 도서관에 반납하도록 했다. 그리고 학기 중간인 5월과 10월에는 학급 도서를 학급 오름차순으로 옆 반으로 이동하도록 하여, 결과적으로 1년에 4회 새로운 학급 도서를 읽도록 지원한다.

도서 반납 연체자에게 사탕을 주면?

학교로서 반납 연체자를 관리하는 것도 사서의 중요한 업무 중의 하나이다. 왜냐하면 금융거래에서도 각 개인의 신용이 중요하듯이 책을 매개로 약속을 지키는 '신의 성실의 원칙'은 학습을 통해서 배운다고 곧바로 습관이 되지 않는다. 도서 반납을 연체한 학생들에게 자발적으로 잘못을 시인하고 도서를 빠르게 회수할 수 있게 할 방법을 고민하다가 거꾸로 연체 반납 학생에게 사탕을 주는 아이디어를 고안해 냈다.

 '달콤한 사탕의 날' 행사 기간을 정해서 반납할 도서가 있는 학생들에게 이 기간에 도서관을 방문하면 도서 반납 여부와 상관없이 막대 사탕을 주는 행사였다. 혹시나 해서 찾아온 학생에게 책 반납도 안 했는데도 먼저 막대사탕을 주고 달랬다. "내일까지는 꼭 반납하세요." 사실 사탕만 냉큼 받아 가고 책은 반납하지 않을지도 모를 상황이지만, 학생의 양심을 무조건 믿고 사탕부터 주었다.

효과는 백 퍼센트였다. 연체 학생들은 거의 다음 날 또는 며칠 후엔 반납할 도서를 들고 반드시 나타났다. 물론 반납과 동시에 또 하나의 막대 사탕을 줬다. 정상 반납하는 학생들에게도 '달콤한 사탕의 날' 기간에는 사탕을 줬다. 다만 정상 반납하는 걸 고려하여 막대사탕과 작은 초콜릿을 같이 줬다. 책을 읽었든 안 읽었든 대출하고 기한 내에 반납하면 '달콤한 기쁨'이 있음을 알려주고 싶었다.

무조건 학생을 믿어주었더니 학교 도서관 운영도 간소화됐고, 도서 분실도, 반납 연체자도 오히려 줄어드는 효과를 냈다. 하지만 연체 도서 반납 독촉장은 학기마다 1번씩 꼭 발송해야 한다. 공공 도서의 소중함에 대한 경각심을 잊지 않도록 하는 것은 기본 중의 기본이다. 따라서 학생을 믿는다고 도서 반납을 알리는 경고마저 소홀히 하라는 이야긴 결코 아니다. 사람은 누구나 실수할 수 있고 잊을 수도 있으니 연체자 관리는 필요하다.

책 읽을 시간을 선물한 자유학년제

이제는 자유학년제가 중학교 학생과 학부모 모두 낯설지 않은 제도로 정착한 것 같다. 초창기의 혼란이 완전히 없어진 것은 아니지만 중학생들의 평가 방법이 바뀌고, 진로 관련하여 다양한 활동을 할 수 있어 창의적 교육활동으로서 바람직하다.

그러나 아이러니하게도 자유학년제 이후 사교육에 의존하는 학부모가 더 많아졌다는 통계는 당혹스럽다. 사설 교습소에서는 여전히 학교 현장에서는 점차 줄어들고 있는 암기식 주입 교육을 버젓이 하면서도 학생 기초실력을 올려 주어야 내신에서 유리하다고 주장한다. 심지어 '당신의 아이만 놀고 있다'와 같은 말로 불안감을 조장하는 공포 마케팅을 함으로써 자유학년제의 기본 취지를 흐리고 있다.

초등 고학년이 되면 다 컸다고 방심하여 부부가 모두 저녁 늦게 집에 들어가고, 외벌이 하던 가정도 맞벌이로 전환하는 경우가 많다. 오후 3~4시쯤 하교한 후에 학생이 집에 가면 아무도 없는 텅 빈 집에 들어간다. 학원에 가지 않는다면 퇴근해서 들어오는 부모님과 만나는 오후의 긴 시간 동안에 아이 혼자 집을 지켜야 하니 학부모 처지에선 여러 학원으로 아이를 돌릴 수밖에 없다. 사실 자유학년제가 제대로 되려면 방과 후에도 클럽 활동 같은 다양한 프로그램이 병행되어야 한다. 대부분 학생이 방과 후에 보습학원이나 교습소로 가는 대신에 공공도서관, 체육관, 수영장, 미술관, 예술원 등의 여러 프로그램에 참여할 수 있게 되어야 한다. 마을공동체를 살려야 자유학년제도 제대로 빛날 것이다.

하지만 자유학년제 덕분에 학교 한구석에 있던 도서관이 빛을 보게 된 것은 천만다행한 일이다. 자유학년제를 시행하는 1년 동안, 사교육의 공포 마케팅에도 불구하고 1학년의 도서 대출 건수가 타 학년보다 현격히 많다. 자유학년제 동안에 진로 탐색과 선택 수업을 통해 시험으로 평가하는 대신 좋아하고 관심 있는 분야에 접근할 기회를 가질 수 있다. 특히 자유학년제 동안 시험을 최소한으로 보는 덕분에 책에 눈을 돌리는 것이다.

  결과적으로 자유학년제가 진로 탐색을 위한 책이든 과제수행을 위한 책이든 시험공부에서 벗어나 시간적인 여유를 줌으로써 책 읽을 시간을 선물했다고 생각한다. 중요한 것은 이때 학생들에게 제공되는 독서 환경에 따라 도서 대출에도 차이가 생긴다는 것이다. 학교 도서관이 독서를 강조하고, 적절한 보상도 해주면서, 쾌적한 독서 환경을 제공할수록 대출 건수는 늘어난다. 더불어 사서와의 친밀감 역시 학생들의 독서에 영향을 미친다. 아직 독서의 깊이를 이야기할 단계는 아니다. 도서관과 친해지고 사서와 안면이 생기고, 봉사활동의 기회를 제공하는 등, 도서관과 학생들의 관계 맺기가 시작되면 비로소 책과 친할 수 있는 토양이 생긴다. 이 모든 과정을 이끌어 가는 중심에 학교 도서관 사서가 있다. 그렇기에 나는 내가 도서관 사서라는 사실에 책임감과 자랑스러움을 갖고 있다.

학생이 원하는 책은 달라도 너무 달라

학생이 원하는 책은 학교 도서관에서 읽기를 권장하고 싶은 책과는 달라도 너무 다르다. 내가 학교 도서관에 발을 디딜 때만 해도 특이한 희망 도서를 신청하는 사람은 주로 교사였다. 학생 희망 도서는 몇 권 안 됐고, 아예 학생에게 희망 도서를 받지 않는 학교도 있었다.

교사 희망 도서가 문제였던 이유는 개인적으로 보고 싶은 고가의 도록이나 대학원 교재, 지인의 출판물을 대량으로 사재는 식의 도서 구매를 희망 도서로 포장하여 신청하는 경우가 종종 있었기 때문이다. 하지만 교육부와 서울시교육청에서 몇 차례에 걸쳐 이런 경우를 제재하는 공문을 학교로 보내온 덕분에 교사의 희망 도서가 점차 일반도서와 교수학습용으로 순화되었다.

요즘은 교사보다는 어쩌면 학생이 갑인 현실의 반영인진 몰라도 학생 희망 도서 중에서 특이한 게 점점 많아지고 있다. 학생들은 만화뿐만 아니라 웹 소설과 판타지 로맨스 소설, 무협 소설, 미스터리 장르 소설 등 다양한 분야의 새로운 책을 원한다. 이런 모든 분야의 학생 희망 도서를 학교 도서관 장서 구성에 넣어야 할 것인지 아닌지도 고민이다.

어쨌든 수서의 우선순위는 당연히 청소년이 주인공이 되어, 그들이 처한 상황을 이해하거나 처한 환경을 배경으로 하는 청소년 소설 시리즈이다. 1318 문고(사계절 출판사) 시리즈, 창비 청소년 시리즈(창작과비평), 반올림 시리즈(바람과 아이들 출판사) 외에도 여러 출판사의 시리즈가 있다. 『라면은 멋있다』[54], 『칼자국』[55] 등 소설의 첫 만

---

54 이명랑, 『라면은 멋있다』, 창비, 2017.
55 김애란, 『칼자국』, 창비, 2018.

남 시리즈와 『내가 좋아하는 사람이 나를 좋아하는』[56], 『너의 유니버스』[57] 등 독고독락 시리즈는 초등학교 때보던 그림책 취향에서 바로 청소년 권장 도서로 넘어가기 어려운 10대 청소년을 위한 디딤돌 독서용 책으로 안성맞춤인 책들이다.

그다음은 인문학 도서와 한 학기 한 책 읽기 도서와 각종 학습 지원 도서들이다. 학생들이 좋아하는 연애 소설, 추리 소설, 판타지 소설은 우선순위로 보면 아무래도 뒤로 밀린다. 우선 『냉정과 열정 사이』[58] 같은 연애 소설은 일본 작가의 책이 많았는데 요즘은 국내 작가의 작품도 꾸준히 나오고 있다. 2020년 이후부터 『뜻밖의 계절』[59], 『네가 있어서 괜찮아』[60]를 쓴 임하운 작가는 작가 수업을 한 번도 받은 적이 없다는 데에도 학생들에게 공감 가는 연애 소설을 발표하여 좋은 호응을 얻고 있다. 참신한 시각도 좋고, 우리나라 학교 현장에서 바로 건져 올린 것 같은 상황이 청소년들에게 많이 어필하는 것 같다.

그 밖에도 『1인분의 사랑』[61]은 위풍당당 여고생 박해랑이 이기적인 비겁한 몹쓸 사랑에 한 방 먹이고 제대로 된 사랑을 찾아 나서는

---

56 이필원, 『내가 좋아하는 사람이 나를 좋아하는』, 사계절, 2021.
57 조규미, 『너의 유니버스』, 사계절, 2021.
58 에쿠니 가오리, 츠지 히토나리, 『냉정과 열정 사이』 세트, 김난주 역, 소담출판사, 2010.
59 임하운, 『뜻밖의 계절』, 시공사, 2019.
60 임하운, 『네가 있어서 괜찮아』, 시공사, 2021.
61 박하령, 『1인분의 사랑』, 살림, 2018.

성장소설이다. 『XX 같지만, 이건 사랑 이야기』[62]는 열여덟 병선과 열일곱 수미가 펜팔을 통해 얼굴도 모르면서 서로를 상상 속의 이상형으로 만들어가며 애틋한 감정을 주고받는 얘기이다. 『사랑에 빠질 때 나누는 말들』[63]은 중학생 때 첫사랑이자 짝사랑의 아픔을 겪은 서현이가 고교 소논문 동아리에서 만난 동주와 사랑과 우정 사이의 경계에 선 소프트 로맨스이다. 『지도를 모으는 소녀 고래를 쫓는 소년』[64]은 대만의 청춘 로맨스물로 사랑인 줄 몰랐던 소녀와 고백하지 못했던 소년의 이야기를 각각 소녀와 소년의 시점으로 나눠서 쓴 소설이다. 『연애 세포핵분열 중』[65]은 고등학교 국어 선생님이 바라본 학생들의 연애 고군분투기로 청소년들의 성장을 그린 여섯 편의 단편 소설을 한데 엮었다. 여기에 청소년의 임신 문제를 소설로 일깨운 『키싱 마이 라이프』[66]도 청소년 소설로 추천하고 싶다.

---

62 김현진, 『XX 같지만, 이건 사랑 이야기』, 우리학교, 2017.
63 탁경은, 『사랑에 빠질 때 나누는 말들』, 사계절, 2019.
64 왕수편, 『지도를 모으는 소녀 고래를 쫓는 소년』, 조윤진 역, 블랙홀, 2018.
65 김은재, 『연애 세포핵분열 중』, 푸른책들, 2017.
66 이옥수, 『키싱 마이 라이프』, 비룡소, 2012.

특이한 희망 도서 어떻게 가릴까?

여러 출판사에서 청소년 소설을 출판하여 청소년 독자를 붙잡으려고 노력하지만, 학생들로서는 여전히 웹툰이나 웹 소설만큼 쉽게 몰입하지는 못한다. 따라서 웹툰 만화, 인터넷 소설 등 수서 도서 중에서 만화의 비중이 커질 수밖에 없다.

학생들이 원하는 이런 책들은 사서로서는 생경한 분야이기도 해서, 학생들이 신청한 목록에서 잔인하거나 폭력적이거나 선정적인 도서를 걸러냄에 어려움을 느낀다. 물론 인터넷 포털과 인터넷 서점의 서평을 통한 적절성 점검 등의 노력을 기울이곤 한다. 그런데도 이런 책 내용에 대한 세세한 정보를 얻기엔 충분하지 않기 때문에 여전히 부족함을 느낀다.

부족함을 보완하고자 현장 수서를 위해 서점 방문을 한다. 서점 방문은 북 큐레이션의 영감을 얻기 때문에 수서 목록 작성 전후에 필요한 일이지만, 개별 책의 수서 여부를 판단하긴 이 역시 어렵다. 고민 끝에 희망 도서로 접수된 도서 신청 목록을 도서관 입구 안내 쪽에 펼쳐놓았다. 원래 신청 목록은 학교 홈페이지에만 게시했는데, 도서관 입구에 적어도 열흘 이상 미리 공개했다. 희망 도서 신청에 관심 있는 학생이라면 누구나 신청 도서 목록을 볼 수 있고, 어떤 학생이든 도서 목록에 대해 자유롭게 의견을 낼 수 있도록 했더니 학생 제보가 들어왔다.

희망 도서 중에 사람 죽이는 방법이 너무나 잔인하게 묘사된 미스터리 장르물이 있다는 것이다. 이 시리즈는 발간할 때마다 화제가 되는 인기 소설이라, 도서관 소장 여부를 질문에 빠짐없이 등장하는 책들로 나 역시 익히 알고 있는 제목들이었다.

사서가 직접 읽어보지 않고는 알 수 없었던 문제점을 학생들의 제보를 통해 알게 됐다. 이 방법은 수많은 희망 도서를 다 읽어보는 것이 실질적으로 어려운 사서들에게 적정 자료를 검열하는 하나의 좋은 방법이 될 수 있다. 동시에 학생들에게는 우리 도서관에 소장할 도서를 미리 알게 하여 기대하게 하는 효과도 있다. 특히 일본 작가의 미스터리 스릴러는 학생이 원한다 해도 까다롭게 심사해야 할 도서이다. 국내 장르 소설보다 더 잔인하고, 위험한 설정이 많아서 학교 도서관에 소장하기에 부적합한 책이 많아 주의해야 한다.

또 도서관 소장 도서에서 신경을 쓰는 부분은 성에 민감한 중학생을 위한 만화이다. 성춘향과 이 도령이 만난 나이가 15세와 16세였다. 지금 나이로 중학교 3학년 전후해서 여학생들은 신체적으로 조선 시대 여성보다 훨씬 성숙하다. 남학생도 마찬가지이다. 중학생이 된 남학생과 여학생의 머릿속은 성별을 구별하는 영어단어 'sex'라는 글자만 봐도 반응한다. 특히 남학생들은 더하다. 한창 이성에 관심이 많을 때이다.

어떤 책은 학습 만화인데 의학적인 내용을 위해서 남성과 여성의 성기를 노골적으로 보여준다. 하지만 의학 지식을 빙자해서 노골적인 게 진정한 성교육인지 의심스럽다. 객관적 정보 전달도 좋지만,

너무 적나라한 묘사는 아직 어린 학생들에게 독이 될 수 있다는 게 개인적인 생각이다. 반면에 성교육 웹툰으로 인터넷 연재만화를 책으로 묶은 『시크릿 가족』[67]은 청소년들이 실생활에서 가장 궁금해 하는 고민들을 다루고 있다. 이성친구와의 스킨쉽에는 어떤 책임이 따를까? 어른들은 왜 미성년자의 임신을 반대할까? 등 이제껏 학교나 부모님이 무조건 나쁜 것, 위험한 것이라고 봉쇄해 온 문제점을 정면으로 다룬다. 성추행이나 성폭행 등의 피해를 당했을 때 누구와 어떻게 상담해야 하는지의 정보까지 상세하게 담고 있다.

성교육을 위한 책은 의학적 지식 전달에 무게를 두기보다 만남에 서부터 연애를 시작하게 된 배경과 그 후 감정의 변화 과정 그리고 연애 이후의 변화된 생활까지, 이야기의 자초지종을 풀어주는 책이 좋다. 야한 장면 한 장 없이도 얼마든지 감동적으로 사랑과 성교 사이에서 혼란스러운 청소년에게 도움을 줄 수 있다.

예를들어 『유미의 세포들』[68]은 총 13권으로 된 만화책인데 원작이 웹툰이다. 무려 5년간 네이버 포털 인기 웹툰 1위를 했었다. 완결과 동시에 드라마로도 제작이 돼서 인기몰이하고 있다. 삼십 대 초반 여성 유미의 연애와 일상을 그녀의 세포들을 통해 세밀하고 담백하게 표현해낸 작품으로 유미의 머릿속에서 이성, 감성, 식욕, 패션 감각, 사랑 등 다양한 감정과 욕망을 담당하는 세포들이 어떤 방식으로 행

---

67 이충민, 구성애 감수, 『시크릿 가족』, 올리브, 2014.
68 이동건, 『유미의 세포들』, 위즈덤하우스, 2021.

동과 생각을 결정하는지를 그리고 있다. 엉뚱하고 귀여워 웃음 짓게 만드는 세포들의 농간은 지켜보고 있는 것으로 큰 공감과 위로를 자아낸다.

단행본 만화로 『나쁜 친구』[69]는 작가의 특별한 성장 이야기를 배경으로 자신의 청소년기에 있었던 경험담을 가감 없이 보여준 책으로 추천하고 싶다. 컬러는 한 장도 없는 시커먼 흑백의 만화 컷들이지만, 이것은 마치 앙꼬라는 작가의 학창 시절에 암울했던 기억을 반영하는 것 같다. 이 만화책은 불우한 청소년기의 소녀가 좌절을 극복하여 만화가로 발돋움하는 과정을 그렸다. 『나쁜 친구』는 앙꼬의 전작 『열아홉』[70]의 연작이다. 열아홉에서 거슬러 올라가 열여섯(중3) 시절부터 작가가 겪었던 어두운 이야기들, 열여섯 소녀의 일탈이 적나라하게 그려진다. 1983년생 만화가 앙꼬는 그 기억을 떠올리며, "대가를 치르며 조금씩 세상을 배웠다."라고 고백했다.

『그들의 등 뒤에서는 좋은 향기가 난다』[71], 『7층』[72]은 스웨덴 여성 만화가 오사 게렌발이 자신의 성장기와 연애를 통한 인생 배우기를 그린 만화형 소설이다. 부모의 정서적 무관심으로 상처받은 여성이 연애하면서도 비정상적으로 남자친구에게 예속되고 학대받다 결국 도망쳐 자기 삶을 찾는 만화이다. 이 책에서도 연애만을 다룬 게 아

---

69 앙꼬, 『나쁜 친구』, 창비, 2012.
70 앙꼬, 『열아홉』, 새만화책, 2007.
71 오사 게렌발, 『그들의 등 뒤에서는 좋은 향기가 난다』, 강희진 역, 우리나비, 2015.
72 오사 게렌발, 『7층』, 강희진 역, 우리나비, 2014.

니라 소녀의 일탈적 삶 속에서 결국 깨달음을 통해 성장하는 이야기를 보여준다. 사랑은 인생의 연장선이고 극히 심리적인 경험의 연속이란 점에서 주목할 만한 작품이다.

만화 서가는 꿀단지, 그래서 대출 효자

교육지원청에서 주관하는 사서 필수연수와 같은 오프 모임에서 다른 학교 사서들을 만나 토론하다 보면 놀랄 때가 가끔 있다. 학교 도서관 사서 중에는 아예 만화를 수서 목록에 넣지 않는 동료가 의외로 많아서였다. 만화를 수서조차 하지 않는 학교는 만화가 학습에 전혀 도움이 안 된다는 강력한 의견을 편다. 이런 현실에서 만화를 대출해 주냐 마냐를 얘기하는 것조차 눈치가 보여 그냥 학교마다 사정이 다르니 각자 알아서 하자고 어물쩍 넘어간다.

 만화를 수서조차 하지 않는 사서는 학교 도서관이 학습지원센터이기에 엄격히 그 임무를 수행하는 것이겠지만, 영상 세대인 학생들에게 발맞춰 수서 목록도 확대하여야 할 시대가 아닌지 반문하고 싶다. 반면에 어떤 학교 도서관에서는 만화를 수서하고 대출도 가능하다. 업무량도 확실히 다를 것이다. 모든 학교 도서관의 운영이 똑같을 필요는 없다는 점을 인정하더라도 이제는 만화도 당연히 수서하고 대출도 하는 쪽으로 바뀌어야 한다. 요즘 만화는 그 수준이 단행본 못지않게 높아졌을 뿐만 아니라 단순한 오락용이거나 학습용 만화의 범주를 넘어 인문학 도서 못지않은 질적인 발전을 이뤘기 때문이다. 학습에 방해만 될 거라는 선입견을 뛰어넘을 만하다.

영상 콘텐츠에 익숙한 청소년에게 만화는 학습의 보조 수단일 뿐 아니라 창의성 계발에 도움을 주는 콘텐츠로 자리 잡고 있다. 물론 만화 대출로 인해 부작용이 없는 것은 아니다. 대출해 간 만화를 수업 시간에 보다 교사에게 들켜 뺏기는 일이 가끔 있다. 만화를 대출해 주면서 뜻하지 않은 일이 생긴 셈이다.

그런데도 앞으로 학교 도서관은 만화를 수서 할 뿐 아니라 대출해 주는 쪽으로 바꿔어야 한다. 만화를 대출한 모든 학생이 수업 시간에 만화를 읽는 유혹을 이기지 못하는 게 아니고, 일부 학생이 그럴 뿐이다.

우리 학교도 처음부터 만화를 대출해 준 것은 아녔다. 처음에는 도서관 안에서만 읽히려고 조금씩 꾸준히 작품성 있는 단행본 만화와 웹툰 등을 샀다. 지금은 와이(WHY), 후(WHO) 같은 학습 만화, 조선왕조실록 같은 역사 만화, 인기가 많은 웹툰 만화, 코믹 만화 등 학생들로 바글거리는 꿀단지 서가가 됐다. 그 후 일단 학습 만화부터 대출 가능으로 바꿨고, 다음으로는 작품성을 인정받는 작가의 웹툰, 예를 들어 강풀, 주호민, 윤태호, 무적핑크 같은 작가의 만화 시리즈부터 대출 가능으로 바꿨다. 하지만 여전히 대출 불가인 만화도 있다.

일본 번역만화 중에서 『진격의 거인』[73], 『아인』[74] 같은 일본 번역만화는 아직도 조심스럽다. 그림체가 지나치게 과장되어 있고 내용도 SF에 장르 소설을 섞은 듯하여 거부감이 있다. 상상력을 키우는 데 도움이 되라고 수서는 했지만, 그래도 대출은 안 해주고 있다. 아예 서가를 따로 분리하여 대출되는 만화와 안 되는 만화를 나눠 놓았다. 같은 일본 번역만화라도 『하이큐』[75]는 대출하고 있기에 사실 만화를 대출할 수 있는 만화와 안 되는 만화로 따로 분리해 배가하는 기준은 순전히 사서의 판단이라고밖에 할 말이 없다. 만화를 수서 목록엔 넣어도 대출 불가로 묶어 놓으면 수서 하나 마나 효과는 적더라도 만화를 조금이라도 수서 하는 게 학생을 위한 일이라고 생각한다.

연속간행물 선택을 위한 조언

연속간행물도 단행본과 마찬가지로 학교 도서관 운영위원회에서 목록 심의를 받는다. 따라서 주간 발행이든 월간 발행이든 보통 1년으로 계약한다. 보통 학교 도서관에서는 월간으로 발행되는 정기간행물을 선호하는 편이다. 사서에게 오는 우편물이 워낙 많아서 업무 경감 측면에서 자연스럽게 월간지를 선호하게 된다.

　연속간행물을 정할 때는 무엇보다도 학생들의 다양한 관심 분야를

---

73 이사야마 하지메, 『진격의 거인』, 학산문화사, 2021.
74 사쿠라이 가몬, 『아인』, 학산문화사, 2021.
75 후루다테 하루이치, 『하이큐』, 대원씨아이.

충족시켜 줄 수 있도록 구성한다. 요리, 기계, 컴퓨터, 자동차, 디자인, 방송·연예 등 각 분야의 전문지 중심으로 목록을 구성하고 있다. 하지만 안타깝게도 각 분야의 전문지일수록 구독 기간 내에 폐간되는 경우도 종종 있어 목록 선정을 신중히 해야 한다.

현실적으로 정기간행물을 독서교육종합지원시스템(DLS)에 등록하는 사서는 거의 없을 것이다. 마치 소모품처럼 구독 기간이 1년이라 보관기간도 대부분 1년 정도 하고 과월호는 모아 뒀다가 원하는 학생이나 교사에게 주기도 하고 폐기 도서와 함께 처리할 수도 있다.

학교 도서관의 연속간행물은 공공도서관만큼 많고 다양하게 구독하지 않는다. 초등학교나 중·고등학교 학령에 맞는 연속간행물을 구독해야 하는 한계 때문이다.

중학교에서는 학생들의 진로 진학에 도움이 되도록 구성하는 게 좋다. 외고 등 특수목적고, 자립형 사립·공립고, 특성화고 또는 마이스터고를 지원하는 학생들이 자기소개서 작성 및 면접 준비를 위해 전문 정보와 최신 경향이 필요할 때 도움이 되도록 하기 위해서다. 그 밖에 학생이 즐길만한 취미와 관심을 반영한 간행물로 구성하면 된다.

시중에 발간되는 수많은 연속간행물 중에서 중학교 도서관에 권할만한 것 중에 6~12권 내외로 선택하면 적당할 듯싶다. 그리고 개별 간행물과 계약하는 대신에 잡지구독 대행사를 활용하면 행정 업무를 줄일 수 있다.

학부모 독서회 운영

학교도서관진흥법 제1조 1항에 '학교 도서관은 그 진흥을 통해 공교육을 내실화하고 지역사회의 평생교육 발달에 이바지함을 목적으로 한다.'라고 되어 있다. 이에 따르면 학부모 독서회를 운영하는 것은 학교 도서관의 목적에 부합하는 일이다. 그래도 지금까지는 사서보다는 학부모 담당 교사가 주관하는 경우가 많았다. 학교마다 대부분 학부모 예산이 있는 부서에서 진학 설명회 등 학부모를 위한 강좌를 주관하거나 학부모 시험 감독을 운영하며 예산을 쓴다.

반면 사서가 운영하는 학부모 독서회는 강연을 듣는 일회성 행사가 아니라 직접 책을 읽고 체험을 나누는 쪽으로 운영하는 게 낫다. 활동 주제를 청소년의 독서교육, 감정 이해, 진로 진학, 인생과 행복 등으로 몇 가지로 하여 도서를 정해서 한다.

여름방학과 겨울방학엔 쉬고 총 6회를 기획하고 적어도 1회는 지역 상영관에서 영화를 보도록 했다. 4월부터 본격적으로 한 달에 한 번씩 모임 하되 미리 둘째 주 혹은 셋째 주 무슨 요일에 할 것인지를 정해서 공고하는 게 모집하기에 더 쉽다. 주로 오전에 도서관에서 모이는데, 학교별로 도서관 활용 수업이 많은 경우, 오전에 이용이 어려울 수도 있으므로 학교 사정에 따라 시간과 일정을 조정하되 사서 근무시간 내에 하면 된다.

학부모 독서회 회원이 활동 전에 관련 도서를 읽고 오지 않아도 독서토론이 가능하도록 사서는 프린트 자료나 영상 자료를 미리 준비하는 게 좋다. 학부모의 독서력을 높이려는 게 아니므로 부담 없는 참여에 의미를 둔다.

학부모 독서회를 꾸준히 5년 이상 진행하다 보면 학교 도서관에 사서라는 전문 인력이 있음을 알리는 효과도 있다. 이는 자녀의 학교 도서관 이용에도 긍정적인 영향을 끼치고 학교를 신뢰하게 만든다. 학교에 대한 긍정적 신뢰감은 시험 감독 등 학부모의 참여를 요구하는 학교 일에 적극적으로 나서게 한다. 따라서 학부모 독서회는 넓은 의미로 좋은 학교를 만드는 원동력으로써 학교 도서관의 또 다른 지원군이다.

제6장

김사서가 추천하는 맞춤 도서

‖ 용띠 사서 다이어리 _____

위로와 공감이 필요할 때

신경정신과 의사 정혜신의 에세이 『당신이 옳다』[76]

"죽고 싶어." "에잇 다 죽이고, 나도 죽을까?"

주변에서 이런 무시무시한 말을 불쑥하는 사람이 있다. 그 순간 긴장해서 목덜미가 뻣뻣해진다. 가슴이 옥죈다. 이런 경험을 한 적이 있다면 신경정신과 전문의 정혜신 박사의 『당신이 옳다』를 읽으라고 권하고 싶다. 심장이 멎었을 때 심폐소생술이 필요하듯 마음의 심폐소생술이 절실히 필요한 때이다. 아무런 이유 없이 아무렇지도 않게 '죽음'을 운운하는 사람은 없다. 틀림없이 이유가 있을 텐데, 왜 그런 마음인지 물어보지도 않고 사람을 유령 취급을 한다면 결국 큰일이 날 수도 있다. 주변 사람이 아니라 자신조차도 일상생활에서 마음을 다쳐 죽고 싶은 마음이 일어날 때가 있다. 하지만 혼란과 고통을 해결하기 위해 마지막으로 찾아간 정신과 진

---

76 정혜신, 『당신이 옳다』, 해냄출판사, 2018.

료실에서 단순히 우울증이라며 약물 처방전만 받는다면 너무 허무하다. 여전히 체념과 무력감이 계속되는데 어떻게 하면 좋을까?

"역설적으로 우울증이라는 진단이 한 개인에게 위험을 초래하는 예도 있다. (중략) 슬픔이나 무기력, 외로움 같은 감정은 병의 증상이 아니라 자연스러운 반응이다. 도저히 넘을 수 없을 것 같은 높고 단단한 인생의 벽 앞에서 인간이 느끼는 감정 반응이다. 그런 점에서 모든 인간은 본질적으로 우울한 존재다 병이 아니다"라고 저자는 말하고 있다. 우울할 때마다 병원 진료실을 찾는 대신에 아이 키우는 엄마라면 소아과 의사가 쓴 육아서 한 권쯤은 갖고 있듯이 마치 상비약처럼 심리 치유 에세이 몇 권쯤은 갖고 있는 게 도움이 된다. 이 중에서도 정혜신의 적정 심리학 『당신이 옳다』는 필수 비상약 같은 인생 책이다.

신경정신과 의사 정혜신은 자신을 의사이기보다 치유자라고 불리길 바란다. 최근 15년간 진료실이 아닌 곳에서 사람들의 속마음을 접하며 알게 된 수많은 경험에서, 흰 가운이라는 보호막 없이 환자가 아닌 사람의 내면을 만나면서, 자신이 변화됐다고 한다. 그녀의 이력을 보면 국가폭력 피해자들을 돕기 위한 재단 '진실의 힘'에서 집단 상담을 이끌었고, 쌍용자동차와 그 가족들을 위해 심리 치유 공간 '와락'을 만들고, 세월호 참사 직후엔 안산으로 이주해 치유 공간 '이웃'을 만들어 참사 피해자들의 치유에 힘썼음을 알 수 있기에 그녀

말에 진솔함이 묻어 있다.

　진료실 밖에서 의사 면허증이 무용지물처럼 느껴졌던 트라우마의 현장에서 혹은 어떤 상황이든지, 외부적인 조건과 무관하게 작동하는 인간 마음의 본질적인 요소가 있었음을 깨달았다고 한다. 그게 바로 '공감'이었다. 공감, 그게 뭐라고…. 소박하다 못해 부족해 보이는 그것에 도대체 어떤 힘이 있다는 걸까? 궁금해서 책을 읽기 시작했다. 그런데 읽으면 읽을수록 빠져든다. 30년 치유자의 삶에서 우러난 한 마디. "그렇구나." 온몸을 실어 공감하는 한 마디가 어떻게 사람을 살리는지 알게 된다.

"죽고 싶을 만큼 지쳤구나, 죽이고 싶을 만큼 화가 났구나"
"그래서 그랬던 거구나 그동안 얼마나 힘들었던 거니?"
"네가 그렇게 힘들었는데 내가 미처 몰랐구나."

　이렇게 온 체중을 실은 공감 한마디로부터 마음의 심폐소생술이 시작된다는 것을 저자 정혜신은 여러 사례를 통해 말하고 있다. 물론 여기서 중요한 것은 나에게 집중하고 나를 공감하는 일이다. 자기감정을 누르고 감정노동을 하라는 게 아니다. 적정 기술이 사람의 삶을 바꾸듯 이론이 아닌 실생활에서 실질적인 위력을 갖는 심리학을 "적정 심리학"이라 명명하며, 공감의 힘은 사람을 살리는 치유의 힘이 있다고 정혜신 박사는 힘주어 말한다. 또한 서울시와 함께 힐링 프로젝트 '누구에게나 엄마가 필요하다'를 통해 시민들에게 공감의 힘을 적극적으로 전파하고 있다. 문득문득 죽고 싶은 기분이 든다면 그 맘을 외면하지 말고, 비상 상비약처럼 『당신이 옳다』란 책을 펼쳐 나를 이해하고 용서하고 다독여보는 시간을 가지면 좋을 것 같다.

여행하고 싶을 때

최수철 작가의 여행기 『카뮈』[77]

코로나바이러스가 우리의 삶을 옥죌수록 어디로든 떠나고 싶은 여행에 대한 열망은 커져만 간다. 내 맘이 이럴진대 다른 이들도 비슷한 감정일 것 같다. 잠시 비행기 타고 기내식을 먹으며 여행 흉내라도 내고 싶은 마음에 기착지에 내리지도 않고 바로 돌아오는 여행상품이 매진되었다고 한다. 비슷한 현상으로 여행 관련 도서가 오히려 더 대출이 잘 되는 것도 팬데믹의 아이러니이다.

---

[77] 최수철, 『카뮈』, 아르테, 2020.

이 책은 지중해 태양 아래서 만난 영원한 이방인 '카뮈'(1913 ~ 1960년)가 태어나서 청년기까지 보낸 알제리의 여러 곳과 프랑스의 몇몇 도시를, 카뮈의 흔적을 따라 여행하는 최수철 작가의 여행기이자 문학 해설집이다. 이 책에서 최수철 작가는 카뮈의 문학과 철학과 활동들을 집약적으로 소개하면서, 작가적 감성뿐 아니라 다큐멘터리식 사실을 섞어 낯선 여행지에 색을 입혔다. 사실 북아프리카 알제리가 한국인 여행자에게 낯선 곳이듯 아랍인들에게도 동양인은 낯설었을 것 같다.

"그동안 나는 북아프리카의 아랍인들로부터 무관심함에서 비롯되는 무례함, 어떤 의도를 감춘 지나칠 정도의 친절함, 그저 습관적으로 여겨지는 까닭 모를 공격성과 맞닥뜨리면서 수시로 어리둥절해야 했다." (카뮈 × 최수철, 34p)

여행지에서 이런 대접을 받는 경험은 즐겁진 않을 것이다. 그런데도 최수철이 소개하는 낯선 알제리의 벨쿠르, 카빌리, 티파사, 오랑 같은 도시 이름이 친근하게 다가온다. 특히 오랑은 카뮈의 소설 『페스트』[78]에 나오는,, 페스트로 인해 외부와 단절된 그곳에서 인간 군상들이 어떻게 페스트와 대면하는지 각양각색의 모습이 그려진 무대였다.

하지만 알제리 현지인에게 카뮈는 전혀 알려지지 않은 이방인일

---

78 알베르 카뮈, 『페스트』, 김화영 역, 민음사, 2011.

뿐이다. 알제리가 프랑스의 식민지였을 때 이주한 이민자의 후손이 카뮈였다. 세계 2차 대전 이후에 프랑스로부터 독립한 알제리의 아랍인들은 카뮈를 모른다. 마치 일제강점기 활동하던 일본인 재한 작가를 우리가 알 리 없듯이 아랍인들에게 카뮈는 관심 밖일 수밖에 없다.

카뮈는 출생부터가 이렇게 아이러니하다. 그가 태어나고 자란 곳이 알제리지만 그는 백인이며 프랑스인이다. 탄생과 삶 자체의 아이러니가 문학에도 녹아 있다. 그의 문학을 이해하는 키워드에는 "부조리"(모순, 아이러니)가 항상 따라다닌다.

우리는 카뮈의 작품 속에 배경이 되기도 하고 녹아들어 있기도 한 태양 빛이 강렬한 새파란 바다와 하늘이 구분조차 안 되는 해안가 같은 지중해 적 분위기를 통해 카뮈는 프랑스인이지만 분명한 알제리인이었음을 깨닫게 한다.

카뮈의 삶을 관통하는 아이러니한 양면성은 그의 작품의 자양분이 되기도 했지만, 프랑스에서도 알제리에서도 이방인일 수밖에 없는 외로움과 맞닥트리는 절망감을 주기도 했다. 따라서 카뮈 문학을 이해하는 키워드에 '절망' 또한 빠질 수 없다.

"카뮈는 너무 많은 사람이 비극적인 것과 절망을 혼동한다고 했다. 그는 삶이 부조리와 모순으로 가득하지만 그렇다고 삶에 절망할 것은 아니다. 우리의 삶 자체는 비극적이지만 바로 그래서 그는 주어진

삶을 남김없이 사랑하고 대지에 충실함으로써 절망을 건너는 법을 제시한다." (카뮈 × 최수철, 273p)

이 책에서 최수철 작가는 알제리뿐만 아니라 카뮈가 예술과 정치 활동을 했던 파리를 비롯해 프랑스의 몇몇 도시도 카뮈의 작품과 더불어 소개하고 있다. 폐결핵 때문에 요양하던 '르 파늘리에', 연극에 푹 빠져 지내게 했던 '앙제', 노벨문학상을 받은 후 여생을 보내고자 했던 '루르마랭' 등등. 카뮈의 연대기를 따라 카뮈가 파리 지성계의 한복판에서부터 갑작스러운 교통사고로 죽음을 맞이하기까지 살아온 일생의 장소를 여행하며 썼다.

최수철 교수는 불문학을 전공한 분으로서 신춘문예에 당선되기도 한 소설가로서 현재 한신대학교 문예 창작과 교수로도 재직하고 있다. 윤동주 문학상, 이상문학상, 김유정 문학상, 김준성 문학상 등을 수상했다.

이 책을 읽으며 카뮈 문학의 철학과 정신을 새롭게 보게 되었고, 북아프리카 알제리 같은 낯선 곳으로의 여행도 선망하게 된다. 팬데믹으로 당분간 여행 가방을 꾸리긴 어렵겠지만 여행을 떠나고 싶은 분들의 예습 도서로서, 아르테 출판사의 클래식 클라우드 시리즈 전권을 권하고 싶다. 화가, 작가, 예술가 등 모든 문화 주인공들과의 만남뿐 아니라 해외여행의 경험을 한데 묶어 목적 여행의 깊이를 더해줄 좋은 시리즈이다.

과학상식보다 한 걸음 더 과학을 알고 싶을 때

과학자 이정모의 『과학책은 처음입니다만』[79]

어렸을 때는 죽으면 누구나 별이 되는 줄 알았다. 별을 볼 때마다 별 하나, 나 하나, 별 둘, 나 둘……. 별을 새면서 매일 밤 죽은 사람이 저렇게 많나 싶었다. 하지만 어른이 되자마자 별빛 상상은 모조리 사라졌고, 별은 별일뿐 의미 없는 밋밋한 세상이 되었다. 더구나 별을 과학의 눈으로 볼 생각은 꿈에도 안 했으니, 어쩔 수 없는 '문송'(문과라서 죄송합니다)이다. 별이 과학이라는 느낌으로 다가온 것은 고등학교 과학 시간이 고작이었다. 양자역학이 세상에 소개되고 거의 100년이 지났음에도 여전히 아인슈타인 물리학이 전부인 줄 알았고, 다윈 생물학이 전부인 줄 아는, 딱 거기까지가 내가 아는 과학이었다. 과학은 먼 동네 얘기였다.

그러나 아무리 과학과 인연이 없어도 KBS 저녁 뉴스에 스티븐 호

---

79 이정모, 『과학책은 처음입니다만』, 사월의책, 2019.

킹 박사의 『시간의 역사』[80]라는 과학책을 소개하는 영상은 인상적이었다. 저녁을 먹으며 숟가락을 입에 물고 얼음처럼 굳어진 체 TV 화면을 보며, '와 대단하다. 저게 우주구나' 하며 깜짝 놀랐던 기억이 난다. 그런데 같은 뉴스를 보고 감동한 과학자가 또 있었음을 『과학책은 처음입니다만』이라는 책을 읽다 알게 됐다. 제1부 "내 생애에 가장 큰 업적은 살아 있는 것입니다"(38p)라는 제목의 서평에서 현대과학의 고전이라고 소개하며 스티븐 호킹의 『시간의 역사』에 대한 글이 있었다.

과학의 달, 4월에 학교 도서관에서 『호킹의 빅 퀘스천에 대한 간결한 대답』[81]이란 책을 읽고 큰 감명을 받았기에, 『시간의 역사』도 궁금하여, 이정모가 쓴 과학책 서평 모음집『과학책은 처음입니다만』에 혹시 있지 않을까 싶어 찾아보았다. 역시 『시간의 역사』에 대한 서평이 있었다. 덕분에 88올림픽 때의 기억까지 한꺼번에 같이 떠올랐다.

『과학책은 처음입니다만』을 쓴 이정모는 서대문자연사박물관 관장을 거쳐 서울시립과학관 관장을 하다 지금은 국립과천과학관 관장으로 있다. 이 책은 공룡 박사로 더 많이 알려진 그가 2007년부터 써 온 과학책 서평을 모아 출판한 책이다.

오래전 일이지만 정문 쪽에 거대한 공룡 미끄럼틀이 있었던 서대

---

80 스티븐 호킹, 『시간의 역사』, 전대호 역, 웅진지식하우스, 2009.
81 스티븐 호킹, 『호킹의 빅 퀘스천에 대한 간결한 대답』, 배지은 역, 까치, 2019.

문자연사박물관은 새롭고 신선했다. 더구나 박물관에 도슨트 제도가 있어서 전시마다 해설해주는 사람이 있는 것도 특이했다. 우리 가족은 나들이 삼아 박물관에 몇 번이나 갔다. 심지어 동네 꼬마들까지 데리고 간 적도 있다. 현대사회에서 과학은 과학자의 전유물이 아니라, 기본적인 상식이란 것을 성인이 된 후에 깨달았기에 내 아이들은 과학과 친하게 키우고 싶었다.

그래서 자연사박물관뿐 아니라 과학관도 주말마다 찾아가서 아이에게 체험 활동을 시켰다. 서울대공원의 동물원과 식물원도 가족 소풍으로 자주 데리고 다녔고, 국립 과천 과학관 개관기념 다원전에 아이들을 데리고 간 기억은 지금도 생생하다.

참고로 『호킹의 빅 퀘스천에 대한 간결한 대답』이란 책은 호킹 박사가 정말로 하늘의 별이 된 후, 2018년 3월에 거대한 질문 '빅 퀘스천(big question)'에 대한 그의 견해를 인터뷰, 에세이, 강연록 등에서 발췌하여 스티브 호킹 재단을 통해서 완성한 유고집이다. 스티븐 호킹 박사는 25세의 나이에 루게릭병으로 판명돼 5년밖에 살 수 없다고 했지만, 75세까지 살면서 대중강연을 할 때마다 자신의 가장 큰 업적은 '살아 있는 것'이란 농담으로 시작했다고 한다. 그는 노벨상 수상자는 아니었지만, 호킹이야말로 상대성이론을 넘어 양자 중력이론의 담대한 개척자였으며 이론물리학 분야에서 쌓은 업적과 영향력은 대단하다. 요즘은 빅뱅이나 블랙홀 같은 용어를 초등학생도 서슴없이 말할 정도다. 과학에 문외한인 내게 『호킹의 빅 퀘스천에 대한 간결한 대답』은 과학과 종교에 걸쳐 평소 궁금했던 모든 대답을 얻을 수 있었다. 호킹 박사 대한 관심은 그가 쓴『시간의 역사』까지 궁금하게 만들었지만, 『시간의 역사』를 직접 읽기엔 무리였다. 과학 상식보다 한 걸음 더 과학이 알고 싶을 때『과학책은 처음입니다만』이란 과학책 서평 모음집으로 대신할 수 있어 좋았다.

『과학책은 처음입니다만』의 1부 지금 놀러 갑니다, 과학 속으로. 2부 모든 것은 진화한다. 3부 누구에게나 자신만의 우주 하나씩은 필요하다. 4부 인간은 외롭지 않다. 5부 과학자는 매일 실패하는 사람. 6부 우리 안에 과학 있다. 이렇게 구성돼 있고 또 그 안의 소제목을 보면 어려운 과학책이라는 선입견을 확 깨주는 책임을 알 수 있다. 출판사의 책 소개 부분도 마찬가지로 과학책이 어려울 것이라는 선입견을 깨는 서평 집이라는 걸 강조 하고 있다.

"어떤 과학책이 얼마나 좋고, 얼마나 재미있고, 또 얼마나 유익한지에 대해서 '미리' 알려주는 본격 과학서평집이다. 저자 이정모 관장은 한국을 대표하는 과학 커뮤니케이터로 유명하다. 출판계에는 "과학책은 이정모 관장의 추천사가 들어가는 책, 들어가지 않는 책 두 종류로 나뉜다"는 농담이 있을 정도다. 뇌과학자 정재승이 그를 가리켜 "가장 믿음직스러운 지식탐험가"라고 부르는 건 결코 과장이 아니다. 이정모 관장은 세상의 모든 과학책을 섭렵하고, 그중 우리에게 매력적인 책만을 골라 친절하게 소개한다. 그리하여 마지막 책장을 덮을 때쯤, 독자들은 '책들의 지도'를 넘어 '지식의 지형도'를 선물처럼 얻게 된다. 나아가 진지한 사유뿐 아니라 생활의 유머와 독서의 즐거움까지 담뿍 담아냈다. 사람들에게 권할 수 있는, 쉽고, 재미있고, 유익한 '생활밀착형' 과학 서평집이다."-알라딘 인터넷 서점의 출판사 책 소개 중에서-

  학생들도 중학생쯤 되면 진로를 생각할 때 과학 쪽으로 갈 사람과 안 갈 사람으로 나름 자신을 나눠서 보는 것 같다. 그런 선입견부터 깨주고 싶어서 이 책을 적극적으로 권하고 싶다. 사실 지구 온난화와 기후 문제 등은 우리 모두의 고민이 되어야지 일부 과학자의 화두가 되어서는 안 된다. 과학을 과학자들의 전유물로서의 특별한 영역이 아니라 일반 상식과 우리의 삶 속으로 끌어들이고 싶다. 그래서 이 책을 추천한다.

세상의 부조리함이 느껴질 때

박지리 작가의 청소년 소설 『번외』[82]와 『다윈 영의 악의 기원』[83]

책 제목과 서평만 보고 고른 신간이 도서관에 들어오는 날은 늘 그렇듯 설렘과 짜증이 교차하는 날이다. 컴퓨터 속에서만 봤던 책 실물을 보는 기쁜 날이지만 한편으로는 사서로서 많은 책을 한꺼번에 배가해야 하는 고달픔을 감수하는 날이기도 하다. 어쨌든 봄에 들어온 많은 신간 중에 『번외』라는 제목이 눈에 띄었다. '번외'라니……. 무

---
82 박지리, 『번외』, 사계절, 2018.
83 박지리, 『다윈 영의 악의 기원』, 사계절, 2016.

슨 뜻일까? 도서 목록을 선별할 때부터 궁금했던 터라 입고된 많은 책 중에서 제일 먼저 집어 들었다. 항상 실물 책과 책 소개는 느낌이 다르기에 입고 일이 기대된다. 실제로 『번외』를 보니, 요란하지 않은 표지의 첫인상이 무척 소박했다.

책 제목 『번외』란 '예정에 없는 일'이란 뜻이었다. 인생이 항상 예정대로 움직이지 않으니, 인생 자체가 번외가 아닐까 싶다. 실물 책을 보니, 청소년 소설로서 두껍지 않아 좋았다. 책날개부터 천천히 살펴보다 작가 이름과 소개에서 잠시 멈칫했다.

"문학을 배워 본 적이 없는 이 젊은 작가는….""으로 시작해서, "『번외』는 작가의 마지막 작품이다."라고 끝맺고 있기 때문이다. 박지리 작가는 청소년 소설을 달랑 6권, 단편 1개까지 겨우 7개의 작품을 남긴 채 요절한 작가였다. 31세에 요절이라니…. 너무 안타까웠다.

『합체』[84]라는 청소년 소설로 사계절 문학상을 통해 세상에 알려지고 나서 6년 만에 본격적으로 작품 활동을 기대할 만한 나이에 세상을 등졌다. 더구나 그녀의 작품 중에 『다윈 영의 악의 기원』이라는 856쪽짜리 소위 벽돌 책이라 할 만한 장편소설을 탈고한 뒤 8일 만에 세상을 떠났다는 사실을 알고 더욱 깜짝 놀랐다.

박지리 작가가 한 신문사와의 인터뷰에서 작가로서 어려운 점이 뭐냐는 질문에 경제적 자립이 어렵다며, 여전히 자신을 '백수'라고

---

84 박지리, 『합체』, 사계절, 2015.

표현한 게 마음에 걸렸다. 조금 더 작가에 대해 검색해 보았다. 이 젊은 작가는 아마도 스스로 생을 마감한 듯하다. 작가의 재능이 발견되고 이제 막 알려지기 시작했음에도 무엇 때문에 젊은 작가는 생을 재촉했던 것일까? 확인할 수 없었다.

  대부분은 무딘 감성으로 하루하루 살아간다. 젊은 작가 박지리의 시간은 늘 가시처럼 뾰족하고, 녹록치 않은 고통의 연속이었나 싶어 측은한 마음이 들었다. 『번외』에서는 고교 총기 난사 사건으로 살아남은 유일한 생존자인 '내가' 화자다. 생존자가 겪은 지난 1년의 정신적 트라우마는 마침내 참사 1주기 다음날에 학교를 조퇴한 하루 동안의 여정에서 만나는 모든 이들 속에 투영된다. 일반인들이 죽음을 대하는 통념을 적나라하게 보여준다. 마치 자신이 죽고 난 후 남은 가족들이, 친구들이, 그녀를 조금이라도 알고 있는 지인들이, 그들의 입에서 나올 법한 예견된 상상 같다. 오세란 평론가는 『번외』에서 세월호 사건 후에 감지된 사회의 여러 징후가 떠오른다는 데, 내 생각은 다르다. 책 속 화자인 생존자의 친구 K는 2007년에 있었던 미국 버지니아 공대 총기 난사 사건의 주인공 조승희를 떠올리게 한다. 이 사건 후에 살아남은 생존자들은 지금 어떻게 살고 있을까?

  박지리 작가에게 마음이 꽂혀 작가의 책을 모조리 찾아보았다. 우리 학교 도서관에는 『다윈 영의 악의 기원』이란 책만 없고 다 있었다. 없으니 더 읽고 싶어서 중고 서점에서 초판본을 찾아 읽었다. 다윈 가문의 엘리트 소년, 다윈 영이 아버지 친구의 미스터리한 죽음을 풀어가다가 결국 자기 아버지에 맞닿게 되고, 자신도 아버지처럼 죄를 짓고 기성세대로 편입해 버리는 참담한 결말이었다. 박지리 작가에 대한 기대감이 배반당한 기분이었다. '악의 기원'이란 제목은 다윈 가문의 할아버지 대부터 이어진 악의 비밀을 암시한 거였다. 사는 곳이 신분을 나타내는 책 속의 사회에서 1구역에서 9구역까지의 특징 묘사는 마치 영화 설국열차에서 패러디한 것 같았다. 등장인물의 사람 이름에서 느껴지는 국적이나 인종을 알 수 없는 모호함, 마치 해리포터 마법 학교 같은 서구적인 느낌, 그리고 '다윈'이라는 어휘가 주는 진화의 의미와 굴곡진 결말 등등. 아주 특이한 작품이었다. 세상의 부조리함을 작가는 외치고 싶었던 모양이다. 하지만 모방에 그친 작품이 나왔다는 자괴감이 심하게 작가를 압박했을지도 모른다.

  내 생각에 훌륭한 작가는 태어나는 게 아니라 만들어지는 것이라 믿고 있기에 박지리 작가의 요절이 안타깝다. 그리고 살아남아서 살아야 하는 평범한 삶 일지라도 한 생명이란 게 얼마나 소중한 것인가를 새삼 깨닫게 됐다.

해외 이민을 생각할 때

장강명 작가의 소설 『한국이 싫어서』[85]

오랜만에 새벽 지하철을 탔다가 놀랐다. 도대체 이 많은 사람이 아침 첫차를 타고 새벽에 어딜 이리 분주히 가는 걸까? 딱히 놀러 가는 차림새도 아닌 이들이 새벽부터 부지런히 일해서 돈을 많이 벌긴 하는 걸까? 돈은 우리의 삶을 행복하게 하는 게 맞나? 공대 졸업 후 대기업 건설회사에 다니다가 관두고 신문사에 입사해 기자가 됐던 장강명은 전업 작가가 되려고 기자직도 던졌다. 그 후 처음으로 쓴 소설 『한국이 싫어서』를 읽으며, 그의 기자 정신이 은연중에 영향을 끼친 탓인지 자꾸 의문이 꼬리에 꼬리를 문다.

거대한 자본주의 시스템에 편입된 개인의 삶이 돈의 영향에서 벗어나긴 쉽지 않지만, 가난하더라도 진정한 행복은 돈으로 살 수 있는 게 아니니, 마음먹기 나름 아닐까? 가난한 삶이 싫어서 익숙한 한국

---
[85] 장강명, 『한국이 싫어서』, 민음사, 2015.

대신 호주 이민자가 되기로 한 20대 여성 계나는 이민을 통해 진정 행복해졌을까?

장강명의 소설 『한국이 싫어서』에는 억울하게 호주 감옥에 갇힐 뻔한 20대 후반의 여성, 계나 이야기가 나온다. 위조수표 유통 죄로, 사실 위조수표인 줄도 모르고 환전소에서 당한 일인데 호주 경찰은 도무지 계나의 말을 들으려고 하질 않는다. 위조수표인 줄 아는 사람이 환전할 수표 이면에 주소와 연락처를 썼겠냐고 아무리 말해도 모르쇠로 일관한다. 심지어 동양인이라며 대놓고 무시하기까지 한다. 호주영사관이나 대사관의 조력도 받지 못하고 정식 재판에 넘겨졌다. 영어가 능통했던 주인공이었지만 아무 소용없었다. 자신을 방어하기 위해서 대형법률사무소에서 변호사를 선임해 재판받아 겨우 무죄임을 증명하느라 큰돈을 써야 했다. 여기에 더하여 시민권 시험을 앞두고 집에 놀러 온 직장 동료가 사고를 치는 바람에 계나는 주거법 위반으로 살던 집에서 보증금 한 푼도 못 받고 쫓겨나 알거지가 되기도 했다. 외국에 이민 가서 정착하기까지 이렇듯 녹록하지 않았다.

그런데도 계나가 한국을 버리고 호주에 이민을 떠난 이유는 한국에서는 가난의 굴레를 벗어날 수가 없어서, 한국에서는 못 살아서였다.

"한국에서는 딱히 전망이 없어. 명문대를 나온 것도 아니고, 집도 지지리 가난하고, 그렇다고 내가 김태희처럼 생긴 것도 아니고. 나,

이대로 한국에서 계속 살면 나중엔 지하철 돌아다니면서 폐지 주워야 해."[86]

스스로 '흑수저'라고 여기는 계나는 한국에서 계속 살면 행복해질 수 없다고 생각한다. 소소한 행복을 누리며 살 수도 있겠지만, 딱 거기까지일 뿐이고 시간이 갈수록 가난의 굴레에서 벗어날 수 없다고 여겼다. 심지어 계나의 부모는 한 집에서 20년 넘게 살면서 조금씩 나아졌다고 자평했지만, 계나가 보기엔 뭐가 바뀌긴 했지만 나아진 것은 아니었다.

"한국이 선진국이 됐다고 서울이 옛날이랑 몰라보게 달라졌다고 하는데, 어떤 동네 어떤 사람들은 옛날 그대로야. 나아지는 게 없어. 내가 그냥 여기 가만히 있는다고 더 나아질 거라는 보장은 아무 데도 없어."[87]

20대 후반의 나이에 호주 이민으로 '파랑새'를 잡고 싶었던 여주인공 '계나'는 마침내 호주에서 영주권을 얻고, 죽을힘을 다해 시민권 시험까지 통과해서, 여러 번 회사를 옮긴 끝에 회계 사무직으로 안착하게 됐다. 과연 그녀는 이제부터 호주 시민으로서 행복하게 살게 될까? "난 이제부터 진짜 행복해질 거야."라고 굳게 결심하는 계나를

---

86 위의 책, p.44.
87 위의 책, p.103.

독자로서 정말 응원하고 싶다. 하지만 호주 이민에 성공해 안착했더라도 그녀의 일상에 또 어떤 일이 일어날지 아무도 모른다. 그 장소가 호주든 캐나다든 선진국이라 할 만한 어느 나라에 있다고 해도, 일개 개개인은 거대한 자본주의 시스템에 여전히 불안정하고 종속적이기에 '파랑새'는 어디에도 없다.

계나의 동생, 예나는 호주에 같이 이민 가자는 언니의 설득에도 한국에 미련을 못 버리고 조금만 더 한국에서 조금만 더 해보겠다고 대답한다. 계나는 이런 동생에게 현실적으로 너무 비전 없는 삶이라고 질타한다. 계나는 자신의 남자친구 가족에게 가난한 집안이라고 그렇게 무시당했음에도 여전히 손익을 따지는 산술적인 삶의 잣대로 동생 커플을 바라본다. 따라서 어디에 살든 '파랑새'가 잡히진 않을 것 같다. 먹고사는 데 급급한 생존의 삶에서, 가치 있는 삶으로 전환할 수 있느냐의 문제는 사실 해외 이민과는 별개의 문제다. 계나 스스로 호주 이민을 통해 신분이 오를 것으로 기대했고, 신분 상승이야말로 행복의 지름길이라고 생각하지만, 그녀가 생각한 대로 될지는 여전히 미지수이다. 한국에 있으나, 이민 가나 문제는 경제적으로 더 나은 삶이 된다 해도 행복이 보장되진 않는다. 오히려 행복한 삶이라는 게 뭐냐를 진지하게 고민해 봐야 한다.

장강명 작가는 한국이 싫어서 한국을 떠나 호주로 간 계나의 이민 분투기를 통해서 거대한 자본주의 시장에 편입된 우리의 삶에서 개인의 행복을 과연 어디서 찾아야 할까 하는 화두를 독자에게 던진다. 사는 나라를 바꾼다고 운명이 긍정적으로 바뀌리라는 보장은 없다. 주인공 계나는 이민으로써 신분 상승을 꿈꾸지만, 한국의 불공정하고 불평등한 사회 시스템을 고쳐서 살 만한 나라로 만드는 게 우선이다. 무작정 한국이 싫어서 해외 이민을 꿈꾸는 청춘들에게 외국의 삶도 만만치 않으니, 행복해지려고 이민을 택하기 전에 신중 하라는 작가의 충고가 이 책에 들어있는 것 같다. "조금만 더 한국에서 조금만 더 해보려고요"라고 말하는 계나 동생, 예나 같은 청춘 남녀를 위해서 그리고 우리 자식들을 위해서 기성세대로서 보통 사람도 살만한 한국, 행복을 꿈꿀 수 있는 대한민국을 만들어야 한다는 책임감을 느끼게 하는 책이었다.

희망이 필요할 때

김호연 작가의 소설 『망원동 브라더스』[88]와 『불편한 편의점』[89]

'이번 생은 망했다'라는 생각이 들 때 만사 잊고 잠시 소설책을 읽으라고 권하고 싶다. 김호연 작가의 『망원동 브라더스』와 『불편한 편의점』은 끝도 없이 추락하는 이류 인생에 슬픔도 아닌 연민도 아닌 작은 관심으로 지친 이들을 위로한다. 거창한 인생 담론 대신에 말없이 어깨를 다독여 주는 응원으로 우리의 삶을 껴안는다.

---

88 김호연, 『망원동 브라더스』, 나무옆의자, 2014.
89 김호연, 『불편한 편의점』, 나무옆의자, 2021.

『망원동 브라더스』에는 30대, 40대, 50대, 각기 다른 연령대 4명의 남성이 등장한다. 작가는 쉽고 참신한 어휘들로 '루저'라고 해도 좋을 지질함이 가득한 이들의 꼬질꼬질한 이야기를 외면할 수 없게 만든다. 독자들은 줄곧 '끌끌' 혀를 차다가도 '하하' 웃으며 이들을 응원하게 된다. 한 번 보기 시작하면 눈을 뗄 수 없는 시트콤 드라마를 보는 것 같다. 오랜만에 재미 때문에 책을 손에서 놓을 수 없다고 느낄 것이다. 김 작가는 소설가로 인정받기 전까지 줄 곳 영화 시나리오 작가로서 쓰고 또 쓰고 고치고를 반복했다고 한다. 그 내공이 그대로 작품에 드러난다. 제9회 세계문학상 수상작으로 문단에서도 인정받은 솜씨다.

망원동 옥탑 방에 사는 만화가 영준은 경쟁에 낙오되고 가족에게조차 외면 받은 지인들을 하나둘씩 받아들여 찌는 듯이 더운 옥탑의 좁은 방 옆에 텐트를 치고 또 평상을 펼쳐 그들과 복닥거린다. 한 명도 아니고 세 명씩이나, 날마다 불어나는 군식구들로 짜증 날 만도 할 텐데 이들은 서로를 의지하며 희망을 잃지 않고 서로를 돕는다. 각기 다른 연령대 4명의 중장년 남자들은 단순한 술친구에서 가족으로 의기투합하여 서로를 보듬은 끝에 생존경쟁의 틈새에서 사업 동료와 새 삶의 파트너로 거듭난다. 보잘것없는 월세 방의 주인 영준의 옥탑 방은 인큐베이터가 되어 망가진 이들의 인생을 새롭게 재탄생시킨다.

김호연 작가의 『망원동 브라더스』에 이은 다섯 번째 장편, 『불편한 편의점』도 함께 읽으면 좋겠다. 첫 시작부터 50여 페이지까지 단숨에 읽힌다. 그렇다고 첫 장면부터 잔인한 살인극으로 시작한다든지, 피를 흘리며 도주하는 사람을 따라간다든지 하는 짜릿한 긴장감이 있어서가 아니었다. 늙수그레한 여인의 등장이 요즘 자주 깜박깜박하는 내 모습과 중복되어 읽기를 멈출 수 없었다. '어서 잃어버린 파우치를 찾아야 할 텐데….' 이러면서 읽다 보니 점차 내용에 빠져들었다. 그런데 읽을수록 마음이 따뜻해졌다.

서울역에서 돈을 달라고 손을 내미는 노숙자에게 놀랐었던 경험이 있는 나로서는 편의점 사장이자 전직 교사였던 염영숙 여사가 서울역 노숙자를 데려와 편의점 도시락을 제공하기로 한 결정에서부터 불안스러웠다. 혹시 편의점을 난장판으로 만들면 어쩌나 싶은 맘이 들었다. 하지만 걱정은 기우였다. 매일 같은 시간에 와서 새 도시락을 먹으라고 해도 굳이 폐기 상품만 먹고 청소까지 깔끔히 하는 노숙자 독고 씨는 나의 속 좁은 우려와는 달리 성실했다. 하지만 나의 선입견을 대변하듯 오전 아르바이트 선숙 씨는 노숙자인 독고 씨를 처음부터 맘에 안 들어 했다. 그러다가 야간 아르바이트로 독고 씨를 채용하게 되자 작정하고 왕따를 하기도 했다. 그러나 오전과 야간 사이에서 완충 역할을 하던, 오후 아르바이트 직원이 다른 편의점으로 스카우트돼서, 독고 씨와 일하는 시간이 맞닿게 되자, 오히려 독고 씨에 대한 편견이 바뀌었다. 밖으로만 도는 선숙 씨의 남편보다도 답답한 아들보다도 독고 씨가 더 미더운 존재가 됐다.

　교사로 정년퇴직 후에 남편의 유산을 정리하다 남동생의 조언으로 편의점을 시작한 염영숙 사장은 생계를 위해서 또는 돈을 벌기 위해서 편의점을 열었던 게 아녔다. 자신은 연금으로 그럭저럭 살 수 있으니 편의점에서 일하는 직원들이 이곳에서 생계를 해결한다면 그것으로 충분했다. 노숙자였던 독고 씨는 알코올성 치매로 과거를 모두 잊어버려서 자신의 이름조차 기억 못 하고 있었다. 편의점 도시락을 먹게 됐지만, 여전히 소주와 함께 먹었다. 술 때문에 말도 어눌하고 더듬었다. 하지만 편의점 야간 아르바이트를 하게 되면서 술을 완전히 끊기로 염 사장과 약속했다. 술 대신 얼음을 탄 옥수수차를 연거푸 마시며 술 생각을 떨쳐내면서 일상이 변했다.

　편의점에 참치김밥에 참깨라면에 참이슬로 혼술을 마시러 오거나 맥주를 먹는 사람들에게도 술 대신 옥수수차를 권하며, 색다른 영감을 주는 사람이 됐다. 이곳을 찾는 사람들은 이구동성 불편한 편의점이라고 하면서도 독고 씨 덕분에 마음속에 '희망'이란 싹을 틔웠다. 겨울이 지나면 봄이 오듯이 편의점에서의 시간은 독고 씨 자신에게도 변화를 가져왔다. 몇 개월간 술을 끊으니, 알코올성 치매로 잃었던 자신의 과거를 모두 기억해 낸 것이다. 마침내 독고는 자기 자신에게도 '희망'을 심었다.

김호연 작가는 전업 작가가 된 후로는 '닥치는 대로 글쓰기'를 실천하던 중 『망원동 브라더스』로 세계문학상 우수상을 받으며 소설가로 데뷔했다. 망원동에 이어 지역 이야기 시즌 2로 용산구 청파동을 배경으로 『불편한 편의점』을 썼다. 이 책에서 작가는 삭막해진 우리의 삶에 작은 '희망'이라도 있다면 어려운 시기에도 살아낼 수 있다. 거창한 철학도 필요 없다. 그저 서로의 말에 귀 기울이는 진정한 소통만이 행복의 원천이다. 가족끼리 대화하는 삶이 엄청 소중하다고 여러 등장인물을 통해 말하고 있다. 무엇보다도 책 곳곳에 등장하는 소시민들이 이런저런 이유로 매일 먹는 혼 술이 알게 모르게 삶을 갉아먹는 위험 요소임을 깨우친다. 우리에게 거창한 조언을 해주기보다는 "외롭고 힘들다지만 술에 의지하지 말지어다. 차를 마시면 삶이 달라지리라."라고 말해주는 것 같다.

김호연 작가는 단단히 다져진 필력으로, 화려한 수식어를 뺀 단순 담백한 문장으로, 명쾌하게 독자의 맘을 따뜻하게 한다. 생활의 일상이 힘들 때 이 소설을 통해 희망을 품을 수 있길 바라며 추천한다.

순수한 연애가 그리울 때

심윤경 작가의 소설 『나의 아름다운 정원』[90]

겨우 초등 3학년밖에 안 됐지만, 어른보다도 더 어른스럽고 속 깊은 소년이 있었다. 동구는 비록 친구들과 해가 지도록 인왕산 근교 달동네를 누비는 열 살 코흘리개에 불과했지만, 할머니와 엄마를 대신해 갓난쟁이 여동생 영주를 거의 업어 키우다시피 했다. 사소한 일이라도 집 안에 분란을 일으킬까 말을 아끼는 동구의 착한 품성을 담임 선생님은 알고 있었다. 그리고 동구가 난독증으로 3학년이 되도록 글을 읽고 쓸 수 없어 바보 취급을 받는 걸 안타까워하셨다. 그래서 특수학교에 갈 형편이 안 되는 동구를 위해 방과 후에 함께 공부하기로 한다. 담임 박은영 선생님의 친절은 진심으로 제자를 아끼는 마음으로 시작됐고, 동구는 '서로 이야기하는 공부'를 통해 박 선생님과 대화를 나눌수록 어서 커서 박 선생님과 결

---

90 심윤경, 『나의 아름다운 정원』, 한겨레출판사, 2013.

혼하길 꿈꾼다.

그런데 갑자기 찾아온 사고로 영주가 목숨을 잃자 불안했던 가정의 평화는 엄마와 할머니의 대립으로 큰 위기를 맞는다. 바야흐로 12·12사태를 지나 5·18 광주 민중 항쟁이 터지고 고향 집 광주로 할머니 생신을 맞아 귀향한 박 선생님은 휴가 낸 다음 날에도 또 그다음 날에도 학교로 돌아오지 않았다. 광주에서는 무슨 일이 일어났는지 지금은 알려졌어도 그 당시 사람들은 알 길 없는 안개 상황이었을 것이다. 교사로 부임한 지 몇 년도 안 된 박 선생님이 고향 광주로 간 후 '데모'한다는 소문에 이어 죽었다는 소식을 듣는다. 선생님의 죽음을 부인하는 동구는 꿈속에서조차 절절히 사모하는 선생님을 잊지 못한다.

『나의 아름다운 정원』의 동구와 같은 나이에 나는 무엇을 했나 되돌아보니 계몽사 동화전집에 푹 빠져서 주인공은 죄다 노랑머리에 드레스를 입은 공주였고, 왕자가 나타나 공주를 구해 주길 상상했다. 『키다리 아저씨』나 『백설 공주』 같은 백인 여성 주인공들과 나를 동일시하며 만화 주인공 캔디를 꿈꾸었던 초등학교 시절, 나와 비교해 어린 동구는 참으로 의젓한 꼬맹이가 아닐 수 없다. 난독증으로 글을 읽을 수 없었던 동구는 세계 명작 동화에 오염되지 않은 순수함으로 사람에 대한 예의와 진심을 아는 '작은 체구의 어른'이었다.

동구의 순수한 스승 사랑을 읽다 보면 미소가 지어진다. 심윤경 작가의 달필에 한 번 더 감복하게 되고, 술술 읽다 보면 사랑하기에 너무 어린 나이란 없다는 생각이 절로 든다.

『나의 아름다운 정원』은 심윤경 작가가 1979년 12·12사태가 일어났을 때 인왕산 아래 산동네에서 자랐던 어린 시절의 경험을 바탕으로 쓴 자전적 소설이라고 했다. 그래서 혹시 동구를 떠올리며 남성 작가인가 싶었다. 그건 아니었다. 동구의 여동생 영주가 사고사를 당하지 않았다면 심 작가처럼 컸을 것이다. 소설가로 등단하기 전에 서울대학교 대학원에서 분자생물학을 전공한 것을 봐도 다분히 어려서 신동이란 소리 좀 들었을 것 같다.

26세부터 소설을 쓰기 시작해 30세에 첫 번째 장편소설로 이 책을 내놓아 제7회 한겨레 작가상을 받았으며 문단에 등단했다.

그런데 작가의 주장과는 달리 내 눈에는 이 책이 다르게 보였다. 오히려 1977년부터 1981년 사이에 일어난 한 가족의 고부갈등은 군사독재 시대 '여성의 여성에 의한 억압 사'로 보였다. 동구네 집안의 심각한 고부갈등은 사회 전반과 일상에 만연하게 퍼져 있었던 전근대적 사고방식과 근대적 생활방식이 한 가정을 통해 분출하는 이야기 같다. 전근대적 사고방식의 전형인 할머니는 근대로 상징되는 동구 엄마의 흉과 허물을 입에 달고 산다. 동구 엄마는 일방적으로 당하는 처지였고, 동구 아버지는 중심을 못 잡고 아무 역할도 못 했다. 오히려 '효'를 방패삼아 아내를 윽박지르는 게 다였다. 가정의 평화는 항상 바람 앞의 등불이었다.

  동구 엄마는 중학교 중퇴에 불과해 무식하다는 오명 앞에서도 반박할 수 없었다. 그렇다고 해도 동구 아버지조차 고등학교 중퇴에 불과했는데 할머니와 남편이 함께 일방적으로 자신을 못 배운 사람 취급하는 건 참기 힘들었을 것이다. 무엇보다도 하나밖에 없는 애지중지하던 딸 영주의 죽음을 마치 엄마가 잘못해서 죽은 것처럼 얘기하는 데에 참을 수 없는 고통을 느꼈을 것 같다. 고통 앞에 서로를 위로하고 보듬는 것이 아니라 할퀴어 상처 내는 할머니의 태도는 도무지 이해가 안 됐다. 하지만 작가는 험담의 원인을 족집게처럼 집어낸다. 동구 엄마는 시어머니와 더는 맞닥뜨리지 않으려고 스스로 정신 병원에 입원한다. 동구는 자기 곁에 남은 엄마를 지키기 위해서 생각하고 또 생각하다가 어른도 생각 못 할 해결책으로 꽉 막힌 할머니 마음을 움직인다. 동구는 어느새 어린이에서 소년으로 부쩍 성장한다.

  그런데 동구 엄마가 시어머니와의 대립을 피하려고 하필 스스로 찾아간 곳이 정신 병원이란 점에서 조남주 작가의 『82년생 김지영』[91]이 문득 떠올랐다. 김지영은 동구 엄마와 달리 대학교까지 졸업한 배운 여자였다. 독박 살림과 육아로 마지못해 전업주부가 됐는데도 아무도 인정해주지 않고, 자기 정체성마저 잃고 우울한 일상을 보내다가 결국 진짜 정신 나간 여자가 된다. 『나의 아름다운 정원』은

---

91 조남주, 『82년생 김지영』, 민음사, 2016.

아이에서 소년이 되는 동구의 눈으로 세상을 바라본 것에서, 동구 엄마의 관점으로 재해석한다면 『82년생 김지영』에 앞선 선구적인 작품이다. 그런데도 82년생 김지영이 겪는 세상은 20여 년이나 앞선 1980년대 동구 엄마 때와 별반 나아진 게 없어 보인다. 여자, 엄마, 아줌마의 인식은 왜 항상 제자리걸음인지 고개를 갸웃하게 했다. 그런데도 『나의 아름다운 정원』을 권하고 싶은 이유는 동구와 같은 동심의 순수함에 비해 때 묻은 인간의 군상들이 대비되면서 불행을 어떻게 극복해 나가야 하는지에 대한 지혜를 얻을 수 있기 때문이다. 더불어 1980년대 군부 독재 시대에 시대적 아픔을 박은영 선생님의 죽음을 통해 배울 수 있는 교훈이 들어 있기 때문이다.

먼 미래의 지구와 환경을 상상할 때

김초엽 작가의 SF소설 『지구 끝의 온실』[92]

높은 산에 올라 아래를 내려다보면 산허리에 영락없이 뿌연 안개가 내려앉아 있다. 황사 혹은 스모그로 맑은 하늘 보기가 힘든 지경이다. 산에 올라 땀을 닦으며 뿌듯한 기분이 들다가도 잠깐, 도시를 덮고 있는 저 뿌연 먼지 속에서 매일매일 숨 쉬며 사는 현실이 공포로 다가올 때가 있다. 같은 마음으로 미래의 디스토피아를 상상한 젊은 작가가 있었다. 김초엽 작가는 1993년생 SF 소설가로 제2회 한국과학문학상 수상 작가로 혜성같이 등단했다. 경력으로만 보자면 마치 심윤경 작가를 떠올리게 한다.

사실 SF 소설(공상과학 소설)은 허무맹랑한 얘기라고 생각하기에 손에 잘 읽지 않았는데 『우리가 빛의 속도로 갈 수 없다면』[93]이라는 중

---
92 김초엽, 『지구 끝의 온실』, 자이언트북스, 2021.
93 김초엽, 『우리가 빛의 속도로 갈 수 없다면』, 허블, 2019.

단편 모음집을 읽고 젊다 못해 어리다고 할 수 있는 20대 김초엽 작가에게 매료돼서 『사이보그가 되다』[94]도 찾아 읽고, 『지구 끝의 온실』도 읽게 됐다. 개인적으로는 포스텍에서 석사까지 한 과학도였다가 문학가로 선회한 이유가 뭘까 궁금했다. 『사이보그가 되다』를 읽으며 그녀가 청각 장애가 있음을 알게 되었다. 편견이 섞인 나의 판단이지만, 차라리 글을 쓰는 게 즐겁다면 문학가로 성장하는 게 나은 것 같다.

환경오염 문제뿐만 아니라 예측할 수 있는 미래에는 아마도 사람을 닮은 인간형 AI를 청소기처럼 집마다 갖게 될지 모른다. 혹은 신체 일부를 교체한 사이보그가 '인간의 수명 연장'이라는 목적으로 보편화될지도 모르겠다. 미래 사회에 AI는 우리에게 어떻게 다가올까? 이런 궁금증에 대해서 미래를 디스토피아로 보는 SF 소설뿐만 아니라 영화도 많다. 돔 시티로 들어가 살아남고, 살아남은 인류끼리 또 싸우고 심지어 AI와 인류가 싸우고, 남은 인류는 지하에 사는 등 이런 식의 전개는 다른 작품과 별반 차별성이 없다. 『지구 끝의 온실』은 2055년에 시작되어 2070년까지 계속된 '더스트 풀(Dust Full)' 시대를 상상한다. 대기오염으로 만들어진 '더스트'에 노출된 인류의 87%가 죽는다. 인류는 거대한 돔을 만들어 돔 시티 안에서만이 살아남았다는 상상이다.

---

[94] 김원영, 김초엽, 『사이보그가 되다』, 사계절, 2021.

그런데 돔 바깥의 생존자 중엔 내성종 인간도 있었다. 이들을 연구 대상으로 삼으려는 시도 때문에 내성종 인간들은 도망자로 살아야 했다. 그리고 인간을 보호하려고 만든 돔 안으로 들어가려는 사람들과 돔을 뺏기지 않으려는 사람들 사이에 치열한 전쟁이 벌어졌다. 이때 AI 병사들이 동원되어 인간 대학살이 이뤄졌다. 그 트라우마로 '더스트' 이후 시대에는 인간형 혹은 인간을 닮은 AI는 만들 수 없게 됐다. 우여곡절 끝에 인류 재건이 완성된 2129년에 인류 재건 70주년 기념행사에 참석하는 연구원 아영은 어렸을 적 기억에 생생한 푸른빛을 내는 식물 '모스바나'가 해월 시에 이상 번식하는 것을 쫓다가 더스트 시대 마지막 생존자와 만난다.

이들의 증언으로 도망 다니던 내성종 인간들이 만든 프림 빌리지의 존재를 알게 된다. 프림 빌리지의 중심에는 기이한 온실이 있었다. 내성종 사람들의 유일한 안식처였던 프림 빌리지마저 위험해졌을 때 그곳 사람들은 숲을 나가 세계 곳곳에 '모스 바나'를 심기로 약속한다. 덕분에 이 식물은 전 세계에 골고루 퍼졌다.

이후 70여 년이 지나고 더스트 대응 협의체가 나노-디스 어셈블러를 살포함으로써 공식적으로 더스트 시대는 종식된다. 그러나 '모스바나' 덕분에 이미 지구의 더스트 농도는 현격히 낮아져 있었기에 더스트 시대의 종언을 앞당길 수 있었다. 아무도 인정해주지 않았던 '모스바나'의 공로가 아영의 노력으로 세상에 알려진다.

작가의 말 중에서 "아주 느리지만 끈질기게 퍼져나가는, 어디로든 갈 수 있는, 결국은 지구를 뒤덮어버릴 생물체가 필요했다."라고 하여 "내가 도달한 답은 오직 식물만이 내 소설을 구원해줄 생물이라는 거였다."라고 했다. 이 소설을 읽다 보면 작가가 의도했던 게 뭔지 대번에 알 수 있었다.

　환경오염에 대한 우려와 경고 외에도 작가가 제시하는 또 다른 화두는 '사랑'인데 이게 통 공감이 안 된다. 이성과의 사랑이라면 이런 기분이 안 들었을 테고, 동성과의 사랑이라도 이해할만하지만, '레이첼'이라 불리는 인공지능과 여성 기술자 지수 혹은 이희수 할머니와의 사랑인지 우정인지 애매한 설정 부분은 나로서는 공감이 안 됐다. 물론 미래를 상상하는 SF소설이란 것을 참작하면 분명 지금과는 다른 감성일 수도 있고, 김초엽 작가의 글 솜씨가 좋아 잘 읽히긴 하지만 말이다.

　내 취향과 별개로 얼마 전 스튜디오드래곤과 영상화 제작 계약을 체결했다는 소식도 들려왔다. 스튜디오드래곤은 「사랑의 불시착」[95], 「빈센조」[96] 등을 만든 국내 최대 드라마 제작 스튜디오가 아닌가! 그들의 안목으로 고른 SF소설이라면 흥행성도 있다는 것이니, 사랑에 대한 나의 고전적 취향은 내려놓기로 했다.

　김초엽 작가는 2020년 문학동네 젊은 작가상을 받기도 했고, 예스

---

95 「사랑의 불시착」, tvN, 2019.12.14. ~ 2020.02.16. 16부작.
96 「빈센조」, tvN, 2021.02.20. ~ 2021.05.02. 20부작.

24에서 주관한 '2021년 한국문학의 미래가 될 젊은 작가' 투표에서 1위를 하기도 했다. 이 책을 통해 지구 대기오염이라는 문제와 식물 종 보존 문제만큼은 확실히 토론할 수 있는 논제가 될 것 같아 이 책을 추천한다.

영화 보다 재미있는 장르 소설을 찾을 때

독일 작가 파트리크 쥐스킨트의 『향수 _어느 살인자의 이야기』[97]

『향수』의 주인공 그루누이는 프랑스 파리의 빈민가 생선가게에서 지독한 비린내 속에 아이러니하게도 '냄새 없는' 아기로 태어났다. 그를 낳은 엄마조차 참수되는 바람에 그는 곧바로 고아가 됐다. 참으로 축복은커녕 정말 비참한 탄생이었다. 가톨릭 신부님의 주선으로 마지못해 양육을 맡은 유모들도 하나같이 그를 싫어했다. 이 손 저 손을 거쳐 마침내 보육원에서 자라 고작 열 몇 살 때 무두장이에게 팔려갔다. 18세기 프랑스 수공업자들은 저임금 노동자로 아동을 선호하던 때였다. 가죽을 다듬어 부드럽게 하는 무두질은 손이 많이 가는 고된 노동이었고 독한 약품을 다루는 일이라 어린 그루누이는 죽

---

[97] 파트리크 쥐스킨트, 『향수_어느 살인자의 이야기』를 출간한 출판사가 많아 특정하지 않았습니다.

음 직전까지 내몰렸다.

하지만 운명인지 그 열악한 환경에서도 겨우 살아났다. 일밖에 모르는 청년으로 자라난 그루누이는 좀 더 안락한 삶을 원하는 보통 사람과는 달랐다. 그러다 우연히 알게 된 향수 채취 법에 빠져들면서 태어날 때부터 자신에게는 없는 향기를 찾아서 끝없이 방황하는 고달픈 삶을 산다. 그는 누구도 피해 갈 수 없는 향기의 속성을 이용해서 "절대 향수"를 만드는 일에 매달렸고, 서서히 사이코패스의 본성이 나타나더니 결국 연쇄살인마로 변했다.

그렇다고 이 책이 하드코어의 장르 소설이겠거니 오해하면 안 된다. 쥐스킨트는 현대 작가로서는 손꼽히는 수사적 능력을 갖춘 작가로 명망을 얻었듯이 그의 글 속에 살아있는 그루누이는 연쇄살인마 그 이상의 독특함이 있다.

『향수』의 배경은 프랑스 혁명이 일어나기 전 프랑스 파리와 그 인근이기에 처음엔 작가가 프랑스인인 줄 알았다. 그런 착각을 일으킬 만큼 파리와 그 주변의 지리를 꿰뚫어 잘 묘사하고 있다. 단지 묘사만 한 게 아니라 그 시대의 쓰라린 현실들, 아동 학대라든지 각계각층의 성 문란이나 수공업자들에 의한 착취라든지, 길드의 도제 제도 같은 시대 상황도 엿볼 수 있다. 한마디로 소설이지만 18세기 자본주의가 성숙하기 전, 비참한 노동자의 현실을 비판적으로 보게 해준다. 절대 향수에 연연하는 주인공의 행적을 따라가면서 그 향기 때문에 연쇄 살인까지 하게 되는 그루누이가 불쌍했지만, 절대 향수로 세상을 제 뜻대로 움직여보는 호사도 함께 누렸으니 비참한 탄생과 성장 과정에 대한 사회적 복수를 제대로 한 셈이다.

냄새는 의식적으로 피하려 해도 피할 수가 없다. 감각기관 중에 제일 먼저 반응하는 게 후각이다. 하지만 향기이든 악취이든 무척 주관적인데다 가장 먼저 적응하는 것도 후각이다. 쥐스킨트의 『향수』를 읽으며 나는 어떤 향기에 제일 먼저 반응하며 적응했을까 궁금하여 기억 속의 향기를 떠올려 봤다. 그때 심훈 작가의 『상록수』[98]를 읽은 게 떠올랐다. 채영신이 박동혁의 땀 냄새를 마치 향기처럼 느끼면서 그의 등 뒤에서 그를 흠모하는 장면 말이다. 그리고 사춘기 소녀였던 나는 '땀 냄새는 최고의 가치 있는 향수'라고 자신을 세뇌했던 것 같다. 심훈은 농촌 계몽 운동을 위해 소설 『상록수』를 집필하며 박동혁의 땀 냄새를 사랑의 복선으로 언급했지만, 『상록수』의 열혈 독자였던 나는 땀 냄새에 대한 자발적 세뇌의 희생자가 됐다. 은연중에 땀 냄새를 흠모하는 습성이 내 뇌리 어딘가에 자리 잡았다.

물론 땀 냄새에 대한 긍정적 잠재의식은 노동을 소중히 여기는 가치관을 싹틔웠다. 그 덕에 평생을 부지런히 살아왔음은 분명하다.

아이를 키우며, 부엌살림을 하며, 학생을 가르치며, 외국인 홈스테이(외국인관광도시민박업법에 따른 숙박업)를 하며, 이런저런 다양한 삶

---

[98] 『상록수』를 출간한 출판사가 많아 특정하지 않았습니다.

을 살면서 특별한 향기를 기억할 틈도 없이 여러 복합적인 냄새에 그냥 막 무뎌져 딱히 나만의 향기, 혹은 향수 같은 데 관심을 두지 못하고 살았다. 지나온 시간에 딱히 기억에 남는 향기가 없다는 게 근면의 결과라고 우기려니 슬프다. 그러게 왜 심훈의 『상록수』를 그토록 감명 깊게 읽어서 평생 '손에 물마를 날' 없었나 모르겠다. 하지만 『향수』를 읽으며 여유 있는 마음가짐으로 향기를 탐닉할 시간을 갖고 싶어졌다. 지금까지는 바쁘다는 핑계로 나만의 향기에 관심을 두기보다는 다양하고 폭넓은 경험을 쌓는 데만 몰두해 왔던 것 같다. 이제부터는 더 깊게 생각하고 자신을 돌아보고 나만의 독특함을 찾으려고 애써야겠다. 내 인생의 '절대 향기'를 나도 찾고 싶다. 자신만의 인생 향기를 찾고 싶은 분들을 위해 이 책을 추천하고 싶다.

세상 요지경에서 '소확행'[99]을 원할 때

김동식 작가의 『회색 인간』[100]

어떻게 살아야 할지 막막할 때 혹은 끝없이 추락하는 듯한 좌절감이 훅 밀려들 때. 현실을 직면하기 두려운 순간을 만나게 되면 천사가 나타나 나를 도와주면 좋겠다. 혹은 반대로 악마가 이 세상을 간섭하기에 일이 안 풀리는 것일까? 이런 어이없는 의심이 든다. 김동식 작가도 같은 마음이 아녔을까 싶다. 다만 그는 타고난 필력에 자유로운 상상을 섞어 독자들을 자기만의 이야기 스타일 속으로 끌어들인다.

『회색 인간』이라는 책 속, 24편의 단편들은 앞 이야기와 뒷이야기에 어떤 개연성이나 현실성 같은 건 없다. 첫 단편 '회색 인간'에서 "인간이란 존재가 밑바닥까지 추락했을, 그들에게 있어 문화란 하등

---

99 '소박하지만 확실한 행복'을 줄인 말
100 김동식, 『회색인간』 요다, 2017.

쓸모없는 것이었다"로 시작되어 어찌 전개될까 궁금해졌지만, 이어서 뜬금없이 땅속 세계, 기저 세계가 지상 사람들을 만 명이나 납치했다는 얘기로 훌쩍 뛰어넘는다. 다른 단편에서는 불쑥 악마가 등장하고 초인이 튀어나오기 일쑤다. 그런데 읽다 보면 재밌다. 자연스럽게 빠진다. 이유는 간단하다. 마치 옛날이야기나 구전설화의 현대판 버전 같은 입말 이야기체 때문이다. 동화인지 소설이지 애매하지만, 묻지도 따지지도 말고 무조건 읽다가 보면 빙그레 웃게 된다. '그럼 그렇지' 이러면서 잠시나마 현실을 잊고 이야기 속으로 들어간다. 한 편당 20분 내외로 읽을 수 있는 판타지 SF 소설 혹은 동화, 혹은 만화 같은 이야기에서 작가가 노리는 게 어찌 보면 현실 풍자 같은데 전혀 교훈적이진 않다. 오히려 냉혹한 현실에 대한 대리만족을 주는 듯하고, 열등감이나 자괴감에 빠진 독자에게 쓴웃음을 자아내 불안을 해소한다. 옛날이야기가 어린이의 불안과 불만을 잠재워주고 대리만족의 매력이 있다는데 이 책은 바로 현대판 성인을 위한 옛날이야기 스타일이다.

『회색 인간』외 9편의 비슷한 판타지 소설을 쓴 김동식 작가의 이력은 아주 특이하다. 한 번도 제대로 된 작가 수업을 받은 적조차 없다. 고등학교를 졸업하고 서울 성수동 주물공장에서 일하면서 머릿속으로만 글을 쓰며 10년이 지났을 때 '1년쯤은 일 안 해도 될 정도'라고 생각하고 공장을 그만뒀다. 이때부터 무작정 쓰기 시작했다고 한다. 온라인 커뮤니티 공포 게시판에 '복날'이라는 닉네임으로 그때 쓴 글을 올리기 시작해서 주목을 받았다. 심지어 독서를 많이 한 것도 아니고 오로지 자신의 머리에서 맴도는 이야기를 풀어썼을 뿐이라니 놀라울 뿐이다. 2~3일에 한 번씩 글을 올리자 댓글이 달리고, 판타지 혹은 SF 만화 같은 이야기가 독자의 흥미를 이끌자 출판해주겠다는 곳도 생겼지만, 모두 출판비를 내라고 했단다. 김민섭 출판 평론가를 만나기 전까지는 말이다.

작가의 천재성을 알아본 김민섭 출판 평론가 덕분에 요다 출판사와 정식 계약을 하고, 『회색 인간』부터 『세상에서 가장 약한 요괴』 『13일의 김남우』등 10권의 동화 같은, 혹은 만화 같은 판타지 소설을 출판했다.

『회색 인간』 안에 들어 있는 이야기 중에 '디지털 고려장' '소녀와 소년, 누구를 선택해야 하는가?' 같은 이야기는 급속도로 변하는 디지털 미디어 시대에 대한 경종을 울리는 내용이다.

또 '식인 빌딩' '인간 재활용'은 아주 무서운 하드 코드인 내용에도 불구하고 하나도 무섭지 않다. 어떻게 이럴 수가 있을까 싶은데 작가의 상상력과 풍자에 옛날이야기 같은 전개, 초월성에 기인한 이야기 방식이 더해졌기 때문이다.

잠시 현실적이고 논리적인 뇌를 멈추고, 책 멍이랄까? 그냥 읽다 보면 빠져든다. 시간이 훅 지나가 있다. 성인이라도 어린이와 같은 단순함으로 판타지 세계에 푹 빠져 심신을 쉬게 하고픈 욕구가 있다. 복잡한 생각을 잠시 미뤄두고 SF 만화 같은, 혹은 동화 같은 이야기 속으로 풍덩 빠져 마치 물놀이하는 어린아이처럼 자유롭게 상상하고 싶다면, 그러면서도 뼈 있는 현실 풍자를 놓치고 싶지 않다면, 소박하지만 확실한 행복을 바란다면, 김동식 작가의 『회색 인간』 등 10권의 소설집 속의 책들을 권하고 싶다.

‖ 용띠 사서 다이어리 _____

▌에필로그

책 쓸 준비를 시작한 것은, 2016년 여름방학 때부터였다. 60년 만의 불볕더위라는 뉴스가 심심치 않게 오르내리던 한여름에 국립중앙도서관에서 공모한 '도서관을 바꾸는 15분! 사서, 나의 이야기' 수기 공고를 보고 자판을 두드리기 시작했다. 사서는 처음이고 경력은 짧았지만, 말하고 싶었던 이야기가 있었던 터라 마음이 설렜다. 학교 도서관 사서로서 50대를 시작한 이야기와 학생들과의 에피소드를 쓰고 싶었다.

학교 도서관은 나에게 단순한 일터가 아니라 어려서부터 책을 좋아하던 내가 책에 묻혀 살 수 있는 공간이면서, 학생들과 책으로 소통할 수 있는 장소이고, 부족하지도 넘치지도 않은 능력을 활용해 세상에 가치를 창조해 낼 수 있는 뜻깊은 곳이다. 더구나 쉰 살이 넘어 학교 도서관 사서로 산다는 것은 한 해 한 해가 보석 같은 추억이 쌓이는 뜻밖의 깜짝 선물 같은 곳이다. 그 당시 나는 폭염 보다 더 뜨거운 마음의 열기를 담아 수기에 응모했다.

노력과 열정에 대한 보상처럼 수기가 당선되어 부산 해운대 '사서 한마당'의 발표자로 선정되었다. 기쁜 마음에 바로 출간하고 싶었다. 그런데 수기 내용을 단행본으로 늘려 쓰는 일은 생각만큼 쉽지 않았다. 내용이 자꾸만 업무 매뉴얼처럼 되었다. 글 쓰는 재주가 한참 모자란다고 뼈저리게 느끼는 순간이었다. 게다가 사서교사도 아니고 문헌정보학 전공자도 아니면서 사서 업무와 관련된 글을 쓰는 게 혹시 주제넘고 쓸데없는 짓이 아닌가 싶은 자기 검열도 한몫했다. 이래서는 도저히 세상에 책을 내놓을 수 없었다. 5년여의 세월이 속절없이 지나갔고, 그 사이에 여러 변화가 생겼다.

우선 학교 도서관 사서들과 자율 동아리를 만들었고 정보와 업무를 공유하게 되었다. 무려 4년 동안이나 사서 자율 동아리 활동을 꾸준히 했다. 그동안 중학교 회원뿐 아니라 초등학교 사서들과도 교류하며 정보를 쌓았다. 코로나바이러스로 학교 도서관 활동이 비대면으로 이뤄지던 때에는 오프 모임 대신에 온라인 줌(Zoom)으로 동아리 만남을 이어갔다. 때마침 2021년에 서울시교육청 강서교육지원청의 지원으로 학교 도서관 사서 연구회 자료집을 발간할 기회도 생겼다. 자료집을 만들기 위해서 단행본으로 묶어도 될 만큼의 원고를 추가로 썼다. 목차를 만들고 전체 원고의 구성을 조정하고 마지막 장은 주제별 북큐레이션을 넣어 네이버 비공개 카페에 올려 우리끼리 공유하던 걸 보기 좋게 정리했다. 비록 예산이 적어 소량만 인쇄했지만, 동아리 회원들과 자료집을 보며 기쁨을 나누니 행복이 두 배로 커짐을 체험하게 됐다.

또 다른 중대한 변화는 학교 근무지가 바뀌었다는 것이다. 두 시간 이상 걸리던 학교에서 집 근처로, 걸어서 15분이면 도착할 수 있는 곳으로 전근 발령이 났다. 개인적으론 반가운 일이지만, 전에 다니던 학교에서 겪은 에피소드를 바탕으로 쓴 책을 내야 하나 말아야 하나 더욱 망설여졌다.

 그러나 근무 환경이 바뀌고 새 학교의 여러 시스템에 적응하는 동안 확실히 느꼈다. 초임 사서 때와는 다르게 적응이 쉬웠다. 소위 베테랑 사서가 된 것이다. 만나는 사람들은 낯설어도 업무는 더 어렵거나 힘들지 않았다. 오히려 너무 빨리 적응하는 바람에 산책하듯 출근하는 기쁨을 누리면서도 또다시 삶이 지루해지려고 했다. 바로 이즈음 달꽃 출판사의 전자책 출판 프로젝트를 알게 되어 출판 기획서와 자료집 원고를 메일로 보냈다. 결과를 기다리는 며칠 동안 얼마나 회신을 기다렸는지 모른다.

 마침내 난생처음으로 '작가님'이란 호칭을 들으면 전자책 출판 계약을 하게 되었다. 이로써 매너리즘으로 느슨해지려는 학교 도서관에서의 시간이 다시 쫀득해지며 내 삶에 탄력과 윤기가 되살아났다. 달꽃 출판사에 진심으로 감사하고 싶다.

『용띠 사서 다이어리』에는 늦깎이 사서로 하필 '사서 고생하는' 사서라는 일을 하려고 마음먹은 이유부터 과정, 그리고 취업까지의 여정을 앞부분에 썼다. 그리고 장마다 학교 도서관의 일상을 일기처럼 형식에 구애 없이 글로 풀었다. 사서는 생전 처음이라 모든 게 낯설던 때가 엊그제 같아 할 말이 많았다. 사서가 교사가 아니라고 학생들에게 미치는 영향이 더 적은 것도 아니어서 어떻게 학생들에게 다가가야 할지를 자문하고 고민하고, 때로는 학생들 때문에 감격하며 보낸 지난 시간을 놓치지 않으려고 글을 썼다. 벌써 여러 해가 지난 이야기도 있지만, **사생활 보호를 위해 학생들의 이름은 모두 가명을 썼다.** 전자책 출판을 앞두고 자료집에 넣었던 원고를 수정하면서 마지막 장에 넣었던 주제별 북큐레이션 부분은 빼고 대신 학생 독서동아리와 학부모 독서회를 운영하기 위해서 읽었던 책 중에서 열권을 정해 부족하나마 서평을 넣었다.

학교 도서관은 전교생을 대상으로 하는 장소이다 보니 사서도 교사 못지않게 항상 학생들과 소통해야 하는 자리이다. 학교 도서관이 단순한 책 창고가 아닌 학교의 '심장'이길 바라는 마음이라면 학생뿐 아니라 교사, 학부모와도 유기적으로 협업할 일이 많다. 다른 업무도 마찬가지겠지만 열린 마음과 외향적 성향, 타인과의 공감 능력은 중요한 자질이다. 내성적인 사람이라도 적극적으로 업무에 임해야 풀 수 있는 일이 많다.

그리고 학생이 숨 쉬는 '공간'으로 바꾸려다 보니 학교 예산 외에도 교육지원청의 '학교 도서관 내 청소년 문화 카페 지원 사업'과 지자체의 '독서교육을 위한 교육비 보조사업'을 추가로 신청하여 집행하게 됐다. 사서 고유 업무 외에도 이런 예산 지원 사업을 집행하다 보면 교사가 아닌 사서로서, 교육자가 아닌 안내자로서, 어디까지가 내 권한이고 어디까지 내 몫의 일인가 혼란스럽고 답답할 때가 많았다. 차라리 사서교사였으면 좋겠다는 생각이 들어 자괴감이 생기기도 했다. 하지만 설령 내가 사서교사라고 해도 혼자의 노력만으로 학교 도서관이 청소년의 쉼터이자 창조의 공간으로 거듭나게 할 수는 없을 것이다. 각계각층 이해관계자들 간의 애정 어린 관심이 필요하긴 마찬가지이다.

무엇보다도 학교 도서관이 진정 학생을 위한 공간으로 거듭나려면 사서의 방학 중 상시 근무가 절실하다. 공간만 바꿔 놓는다고 될 일이 아니다. 방학에도 사서가 근무하는 도서관다운 도서관을 운영하여 뜻이 있는 학생들이 맘껏 드나들며 독서뿐 아니라 창조의 시간을 꿈꿀 수 있는 여유 공간으로 거듭나야 한다. 최소한 사서도 없는 공간에 책만 덩그러니 있는 곳을 '학교 도서관'이라고 열어 두는 우를 범하지 않았으면 좋겠다.

출간을 준비하며 원고를 다시 수정하면서 딱히 형식에 구애받지 않고 손이 가는 대로 편하게 쓰려고 했다. 읽는 독자에게 업무 얘기는 너무 딱딱한 주제라 에피소드 중심으로 전하려고 애썼다. 그러나 문학성이 한참 부족하여 앞뒤 맥락 없는 부분도 있고 어울리지 않은 비유를 썼을지도 모른다. 글을 전업으로 하는 작가가 아니니 양해해 주기 바란다.

비록 전공은 다른 것을 했더라도 사서가 되고 싶은 분, 경력단절을 넘어 새로운 일을 꿈꾸는 분, 그리고 현직 사서로서 일상에 지친 분들이 이 책을 통해 값진 자극을 받는다면 졸필에도 위안이 될 것 같다.

•• 저자와 관련된 언론보도를 소개합니다.

주민자치센터에 가면 길이 있어요
_2005년 11월 동아일보 기사
https://www.donga.com/news/article/all/20051107/8245051/1

사당동 NGO.도서관을 사랑하는 사람들 역사공부모임
_HCN 뉴스
https://www.youtube.com/watch?v=eAUYHPQ8VLI

사당동 공공도서관 건립 서명운동의 숨은 주역 김은희
_HCN 뉴스&이 사람
https://www.youtube.com/watch?v=sarCbyb2ut0

사당솔밭도서관 개관 숨은 공신
_2013년 9월 TBS-tv 뉴스
https://www.youtube.com/watch?v=P3dDW5lieak

추천사_

도서관은 '사서'이다

이정모 국립과천과학관 관장

〈저도 과학은 어렵습니다만〉〈과학이 가르쳐 준 것들〉외 다수 저술

삶의 중대한 전환점은 의외로 사소한 것에서 시작한다. 그리고 거기에는 항상 사람이 있다. 화학자가 되기 위해 독일의 옛 수도 본(Bonn)에서 유학한 내가 화학자 대신 과학저술가가 된 것도 마찬가지다.

본의 자랑은 서점과 도서관이었다. 마치 백화점 쇼윈도를 보는 것처럼 장식된 책장이 펼쳐진 서점과 책을 거의 맘대로 빌릴 수 있는 도서관은 마치 신세계를 보여주는 것 같았다. 가장 놀라운 것은 바로 사서(司書)였다. 서점에도 층마다 사서들이 있었다. 그들은 고객과의 대화를 통해 그 사람의 지적 수준과 필요를 알아내고 거기에 맞는 책을 권하는 것이다. 몇 달만 지내고 나면 마치 오랜 친구처럼 대한다. 길에서 만나도 "정모, 아모스 오즈의 책이 한저 출판사에서 나왔는데 네가 흥미로워야 할 것 같아." 이런 식이었다.

내가 매일 나가는 본 대학의 화학과 실험실은 집에서 자전거로 불

과 5분 거리에 있지만 나는 실험실보다는 자전거로 10분은 가야 하는 대학 본관의 작은 학생도서관을 더 좋아했다. 많아야 스무 명 남짓 앉을 수 있는 학생도서관에는 문학, 법학, 의학, 예술 등 모든 분야의 기본도서와 백과사전류를 갖추고 있을 뿐만 아니라 전 세계의 시문과 각종 잡지 그리고 신간 도서가 비치되어 있다.

어느 날 우연히 학생도서관에서 〈지오GEO〉란 잡지를 뒤적이다가 "지난 천 년에는 모두 며칠이나 있었는가?"라는 퀴즈를 보았다. 이 문제는 윤년 규칙과 새로운 윤년 규칙이 도입된 해만 알면 풀 수 있는 시시한 문제다. 하지만 퀴즈의 달인이라고 자처하던 내가 틀렸다. 내가 생각한 답은 잡지가 제시한 답보다 무려 열흘이나 많았다. 어떻게 이런 일이 있을 수 있단 말인가! 이날부터 나는 달력이란 이름으로 나타난 제니에게 빠져버렸다. 호리병에서 한 번 나온 제니는 다시 돌아갈 생각을 하지 않았다. 다행히 본에는 무척이나 많은 도서관이 있었다.

본 시민이라면 누구나 이용할 수 있는 대학도서관이 자전거로 10분 거리에 있고, 무료로 이용할 수 있는 시립도서관은 도처에 널려 있다. 달력에 관한 책을 한 권 읽고 미진한 부분을 해결하기 위하여 다른 참고도서를 찾으면 어김없이 내가 찾는 책은 도서관에 있었다. 수메르와 로마의 달력에 관하여 1800년대에 출판된 책을 비롯해 수십 종의 책이 동네의 조그만 시립도서관에 있었다.

달력이라는 특정 주제에 매달리는 나를 관찰하던 한 사서가 어느 날부터인가 달력에 관한 새로운 책을 찾아놓고 나를 기다렸다. 본에 없는 책은 다른 도시에 있는 도서관에서 대출해서 빌려주었다. 책을 반납하러 가면 그는 새로운 책을 찾아놓고 나를 기다렸다. 아즈텍과 마야 달력, 인도네시아 달력, 아라비아 달력 등 끝이 없었다. 나는 본의 시립도서관 사서가 찾아주는 책을 꾸준히 읽어야 했고, 결국 내 생애 첫 번째 책인 『달력과 권력』을 쓰게 되었다. 생화학을 전공하는 유학생이 달력에 관한 인문학책을 쓰게 된 것은 순전히 독일의 우수한 도서관 시스템 특히 열정적이면서도 시간이 무지 많은 사서 덕분이다. 유학 시절 우연한 기회로 쓰게 된 『달력과 권력』(2001, 부키)은 내 인생을 바꿨다. 어느 순간 나는 과학저술가로 살고 있다.

도서관은 무엇일까? 설마 도서관을 '건물'이라고 대답하는 독자는 없을 것이다. 하지만 도서관은 '책'이라고 대답하는 독자는 매우 많을 것 같다. 나는 생각이 다르다. 나는 **도서관은 '사서'라고 생각한다. 사서야말로 도서관의 핵심 역량이자 생명이다.** 도서관에 수만 권의 책이 있다고 해서 우리가 그걸 다 읽을 것은 아니지 않는가! 내게 맞은 책을 찾아 권하고 독서 인생을 이끌어 줄 사람이 필요하다. 그들이 바로 사서다. 날 과학저술가로 키운 건 7할이 책이었다면 나머지 3할은 사서였다.

중학교 도서관 사서 김은희의 『용띠 사서 다이어리』를 읽으면서 좋은 사서는 하늘에서 뚝 떨어지는 게 아니라는 걸 깨달았다. 논술 강사가 사서가 되기까지의 과정이 험난했을 거라는 건 쉽게 생각할 수 있다. 하지만 사서가 도서관을 운영하는 데 그 많은 어려움과 장벽이 있으리라고는 상상하지 못했다. 공간이 주어졌으니 마음껏 학생들의 독서 생활을 이끌어나갈 수 있을 것 같았다. 내가 독일에서 만났던 사서들도 마찬가지였을 것이다. 그렇다. 거저 주어지는 것은 없다. 투쟁과 타협의 결과물이다. 이 책의 의미는 여기에 있다. 다른 사서들과 공감하고, 교장을 비롯한 교사 그리고 학부모에게 도서관의 의미와 사서의 역할을 다시 생각하게 하는 것이다. 책에 소개된 다양한 책과 영화에 대한 정보는 덤이다.

용띠 사서 다이어리 경력단절녀, 도서관 사서 되다

초판 1쇄 인쇄 2022. 11. 21
초판 1쇄 발행 2022. 12. 12

글 김은희

발행인 윤혜영
내지 디자인 서구름
표지 디자인 주서윤
마케팅 구낙회

펴낸곳 로앤오더
주소 (우)04778 서울시 성동구 왕십리로 125, 4층 421호
전화 02-6332-1103 | 팩스 02-6332-1104
이메일 lawnorder21@naver.com
블로그 blog.naver.com/lawnorder21
포스트 post.naver.com/lawnorder21
페이스북 인스타 @dalflowers

ISBN 979-11-6267-316-4

달꽃은 로앤오더의 출판 브랜드입니다.

파본은 본사에서 교환해 드립니다.
이 책은 저작권법에 따라 보호받는 저작물이므로 무단복제를 금지하며
이 책 내용의 전부 또는 일부를 이용하려면 반드시 저작권자와
로앤오더의 서면 동의를 받아야 합니다.

ⓒ 이 책에서 사용된 서체는 Kopub바탕체, Kopub돋움체, 경기천년제목체, Kbiz한마음체, 비비트리손글
씨체를 사용하였습니다.